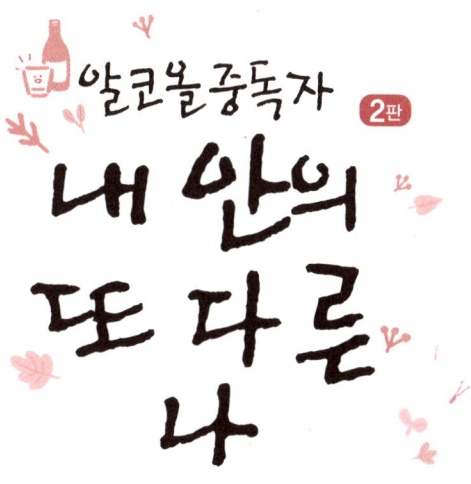

알코올중독자 내 안의 또 다른 나

2판

문봉규 · 강향숙 · 박상규 공저

학지사

2판 머리말

　『알코올중독자, 내 안의 또 다른 나』가 처음 출간된 후 5년의 시간이 지났습니다. 그 시간 동안 책을 읽고 그에 대한 소감과 의견을 전해 주시는 많은 분을 만났습니다. 이 책을 통해 중독과 중독자에 대해 더 깊이 이해할 수 있게 되었다는 중독 당사자와 가족, 그리고 전문가분들의 말씀은 처음 이 책을 쓸 때의 작은 소망이 이루어진 듯한 반가움으로 다가왔습니다. 회복의 과정에 동행하는 안내자로서, 조금이라도 힘을 보탤 수 있었다는 기쁨이 다시 한번 글쓰기를 시작하는 힘이 되어 주었습니다.

　이 책은 그동안 많은 분이 들려주신 책에 대한 의견을 바탕으로 수정·보완되었습니다. 질병으로서의 알코올중독에 대해 좀 더 상세하게 기술하고자 하였고, 회복을 위한 실천 방법을 보다 구체적으로 정리해 보았습니다. 또한 가족의 경험을 보완하면서 최근 들어 증가하고 있는 미혼의 젊은 알코올중독자 가족으로서의 부모 이야기를 추가하였습니다.

　조금은 거칠게 또는 과격하게 표현되었던 부분들을 다듬어 가면서 이 책에 등장하는 모든 이가 각자 자신만의 방법으로 최선을 다해 살아가고 있음을 드러내고자 하였습니다. 그 어떤 이유로도 비난받지 않아야 하며, 설령 원하지 않던 자리에 도달한 지금의 상황마저도 그때는 최선의 노력이었음을 기억하며 스스로를 다독이기를 바라는 마음으로 글을 정리해 나갔습니다. 그리고 이를 통해 자신이 원하는 삶으로의 새로운 한 걸음을 나아갈 수 있기를 기원하며 책을 마무리하였습니다.

종류를 바꾸어 가며 다양한 중독의 문제가 사회문제로 이슈화되고 있는 요즘입니다. 그 어떠한 종류의 중독이든, 드러나는 중독 행위 뒤에 숨겨져 있는 한 사람을 진심으로 이해하고 사랑으로 보듬어 간다면 많은 것이 달라질 것이라 생각합니다. 이 책이 중독의 문제로 어려움을 겪는 분들에게 공감과 사랑으로 전해지기를 바라 봅니다.

2025년 3월

대표 저자 문봉규

 **1판 머리말**

　알코올중독자가 있습니다. 어느 날 문득 돌아보니 세상의 손가락질을 받는 사람이 되어 있습니다. 알코올중독이라는 병에 걸렸지만, 자신이 병에 걸렸는지도 모르고, 어디로 가야 할지, 어떻게 해야 할지도 모르는 채 헤매고 있습니다. 알 수 없는 억울함과 복받쳐 오르는 분노에 차서 한 행동들 때문에 죄책감과 후회까지 더해 갑니다. 하지만 온 세상과 주변으로부터 비난받고 무시당하는 그도 우리와 똑같은 사람입니다. 알코올중독에서 벗어나 사람답게 살아가며 주변은 물론 자기 자신을 존중하고 사랑하면서 자기 인생을 멋지게 살아갈 권리를 가진 사람이고, 이를 위한 선택과 책임을 가져야 할, 똑같은 사람입니다.

　알코올중독자와 함께 살아가는 가족이 있습니다. 그들은 최선을 다해, 정말 죽을힘을 다해 살아가는데 현실은 암담하기만 합니다. 그 사람이 술만 끊으면 모든 것이 달라질 것 같은데 그 하나를 어찌하지 못해 무기력합니다. 하지만 그 가족도 중독자에게 자신의 모든 삶이 매여 있는 의존적 존재가 아닌 한 사람의 독립된 존재입니다. 자신의 삶에는 자신의 선택과 책임이 있음을 깨닫고, 다른 선택을 해 나갈 수 있습니다. 최선을 다해 살아왔음에도 불구하고 계속해서 수렁에 빠지는 듯한 자신의 삶을 정직하게 돌아봄으로써, 회복을 통해 삶의 변화를 가져올 힘이 있음을 확인하게 됩니다.

저는 이 길을 오랫동안 그들과 함께 걸어왔습니다. 길이 있음에도 그 길을 알지 못하는 막막함을 함께 겪었고, 고통을 함께 경험했습니다. 회복의 길을 통한 변화의 과정도 함께할 수 있었습니다. 그리고 분명 많은 이가 알코올중독으로부터 회복되어 새로운 삶을 살아갈 수 있음에도 그 길을 알지 못하는 상황이 안타까웠습니다. 또 다른 길은 분명히 있고, 오랫동안 중독자들과 함께 걸어왔던 저의 길을 나누고자 합니다. 중독자들에게 자신의 삶이 그저 하나의 인생임을 받아들이고 미래에 대한 환상이나 완벽함에 대한 강박을 내려놓을 수 있음을 안내하고 싶습니다. 알코올중독자나 그 가족에게 관심을 갖고 함께하는 전문가들에게 회복에 대한 믿음을 분명히 하고, 내담자의 심리나 상황을 더욱 깊이 이해하는 데 저의 경험이 도움이 되었으면 하는 바람도 있습니다. 그들을 끌고 가려 하기보다는 그들의 속도에 발맞춰 함께 걸어가는 동행이 되는 데 조금의 보탬이 되기를 말입니다.

이 책을 전문가뿐만 아니라 알코올중독자 본인과 중독자 가족 등 이 문제로 고민하거나 관심 있는 분들 누구나 부담 없이 읽을 수 있도록 쉽게 쓰고자 노력하였습니다. 또한 현대 사회의 다양한 중독문제 중에서 알코올중독을 중심으로 기술하였지만, 다른 종류의 중독에 대한 고민 역시 이 책을 통해 조금은 도움받을 수 있으리라 생각합니다. 이 책을 통해 알코올중독에 대한 시선이 조금 더 투명해지고 따뜻해지기를 바랍니다.

참고로 이 책에 나오는 다양한 사례는 현장에서 만났던 많은 분의 사례들을 조합하고 변형하여 만든 가상의 것임을 알려 드립니다. 마지막으로, 삽화를 통해 중독을 보다 쉽게 이해할 수 있도록 도움 주신 평택대학교 대학원 이정미 님께 감사드립니다.

2019년 10월
대표 저자 문봉규

 차례 CONTENTS

2판 머리말_3
1판 머리말_5

 1부 알코올중독이라는 것_13

01 중독은 무엇인가_17

중독은 그 대상의 노예가 되는 것이다_17
애주가인가, 알코올중독자인가_20
알코올중독자는 세 가지 착각을 한다_23

02 알코올중독은 전인적 질병이다_27

중독은 질병이지만 질병으로 이해되지 못한다_27
중독은 점차 악화되는 진행성 질병이다_31
중독은 감정의 병이다_34
중독은 겉은 어른이지만 속은 어린아이가 되는 질병이다_38
중독은 온 가족이 함께 앓는 가족병이다_40
중독은 관계가 망가지는 질병이다_40
중독은 생각이 왜곡되어 가는 질병이다_41
중독은 인간의 영성을 망가뜨리는 질병이다_43

03 알코올중독은 어디에서 오는가_47

알코올중독은 술의 문제가 아니라 사람의 문제다_47
알코올중독의 뿌리는 수치심이다_49

04 알코올중독자는 왜 그럴까 _53

알코올중독자도 술을 끊고 싶은데, 잘 안 된다 _53
알코올중독자는 인간관계가 어렵다 _58
알코올중독자의 자기중심성은 어린아이와 같다 _69
알코올중독자는 술 말고도 사는 게 힘들다 _74

2부 술을 끊는다는 것 _79

05 회복의 의미 _83

회복은 일단 술을 마시지 않는 것이다 _83
회복은 죽느냐 사느냐의 문제다 _84
회복은 이론이 아닌 실천이다 _84
회복은 결과가 아닌 과정이다 _85
회복은 술 없이도 행복하게 사는 방법을 배우는 것이다 _87
회복은 결국 술로부터 자유로워지는 것이다 _89

06 온전한 회복을 위한 여정 _91

몸의 회복 _91
관계의 회복 _97
일상의 회복 _101
영성의 회복 _104

07 회복을 위해 필요한 것 _107

나를 알자 _107
술을 알고, 중독을 알자 _111
정직하게 고백하자 _113
12단계를 실천하자 _117
마음챙김과 자비수행을 실천하자 _130
삶을 새롭게 마주하자 _134
소소하지만 중요한 것을 기억하자 _140

08 회복의 길을 함께 가는 전문가의 자세_151

거울이 되어 주자_151
같은 속도, 같은 방향으로 함께 걸어가자_152
회복에 대한 믿음을 갖자_153
자기성찰과 자기치유를 위해 노력하자_154
전문성을 갖추기 위해 노력하자_155

 3부 알코올중독자와 함께 살아간다는 것_159

09 알코올중독 가정의 특성_163

알코올중독자와 함께 사는 것은 힘겹다_163
가족은 무력한 피해자일 뿐인가_165
자기가 있어야 할 자리를 벗어난다_166

10 알코올중독자 가족으로 살아가기_169

알코올중독자의 배우자_169
알코올중독자의 자녀_180
알코올중독자의 부모_189

11 회복과 가족_195

회복 과정에서 경험하는 것_195
알코올중독자의 회복을 돕기 위해 가족이 기억해야 할 것_198
가족 스스로의 회복을 위해 가족이 기억해야 할 것_209
가족과 함께 회복하기 위해 중독자가 기억해야 할 것_219
가족의 회복을 위해 전문가가 기억해야 할 것_222

참고문헌_227

1부

Finding Yourself
Facing Alcoholism

알코올중독이라는 것

01　중독은 무엇인가
02　알코올중독은 전인적 질병이다
03　알코올중독은 어디에서 오는가

어느 알코올중독자의 하루

　　A 씨는 오늘도 떨어지지 않는 눈을 억지로 떴다. 온몸이 두들겨 맞은 것처럼 찌뿌둥하고 입이 쓰다. 어제 출근했던 옷 그대로, 양말도 벗지 않은 채 잠이 들었고, 밤새 흘린 식은땀에 옷은 걸레가 따로 없을 지경이다. 어디에서 묻었는지 모를 오물은 침대까지 엉망으로 만들어 놓았다. 온 방 안에 술 냄새가 진동을 한다. 그래도 어제는 다행히 방에서 실례는 안 한 모양이다. 대신 어디서 다쳤는지, 너덜너덜 찢어진 바지 사이로 보이는 무릎에 피떡이 앉아 있다.

　　마누라는 오늘도 옆에 없다. 술 취해 들어와 벌인 한바탕 소동에 진저리를 치며 딸애 방에서 잠을 청했겠지. 그게 아니더라도 온몸에서 풍기는 술 냄새, 마늘 냄새에 어차피 옆에 누워 자는 건 고역이었을 것이다. 그나저나 아침에 또 음식물 쓰레기 쳐다보듯 한심한 눈빛을 보낼 마누라를 어떻게 마주해야 할지 한숨이 난다. 울렁거리는 속도 속이지만, 냉랭한 집안 분위기에 밥을 뜨는 둥 마는 둥 하고는 도망치듯 출근을 했다.

　　어젠 정말 술을 안 마시려 했다. 문 차장 그 인간이 또 나만 갖고 트집을 잡고 무시하는 바람에 딱 한 잔으로 답답한 속을 좀 풀고 싶었을 뿐이다. 처음에 저녁식사를 겸해 술을 마신 후 2차를 간 것까지는 기억나는데 그 뒤로는 전혀 기억이 나지 않는다.

　　A 씨는 숙취에 시달리며 오늘만은 정말 절대 술을 마시지 않겠다는 다짐과 함께 출근을 했다. 조금 늦은 탓에 눈치는 보였지만,

다행히 문 차장은 자리를 비운 상태여서 슬쩍 자리에 앉았다. 오전 내내 띵한 머리와 더부룩한 속에 집중도 안 되는데 문 차장의 눈총 때문에 그저 담배와 커피 등으로 시간을 때우며 점심시간까지 겨우 자리를 지켰다. 그나마 속을 달래려고 국물 한 수저를 겨우 넘기고 반주 한 잔을 하고 나니 조금 정신이 돌아와 오후에 대충대충 일을 처리하기 시작했다. 4시가 넘어가면서 지루함에 시계만 바라보던 A 씨는 강 과장에게 전화를 했다. 오늘은 왠지 강 과장을 만나야 할 것 같다. 지난번에 하던 일 얘기를 좀 더 해 봐야 하지 않을까 하는 생각이 들었다. 술을 마시기 위한 것은 절대 아니다. 강 과장이 술고래이긴 하지만 오늘은 그냥 일 얘기나 하면서 간단히 한 잔만 할 생각이다.

　A 씨는 자신을 알코올중독자라고 하는 마누라가 답답하다. 가끔 과해서 문제가 되긴 해도, 자신은 중독자라서 술을 마시는 게 아니라 일을 하기 위해 어쩔 수 없이 술을 마시는 건데 말이다. 남자들이 술과 함께 진짜 이야기를 나눈다는 사실을 마누라는 모른다. A 씨는 자신이 알코올중독자라면 강 과장도 박 과장도 다 알코올중독자일 거라며 항변한다. 남자들이 다 그렇지 그걸 이해 못하는 마누라의 잔소리에 집에 일찍 들어갈 맛도 안 난다.

　"오늘은 진짜 딱 한 잔만 하고 들어가야지."

01
중독은 무엇인가

중독은 그 대상의 노예가 되는 것이다

중독자는 중독대상의 노예로 살아가는 사람이다. 그 대상은 도박이 될 수도 있고 스마트폰이나 마약이 될 수도 있다. 알코올중독자는 그 대상이 술인 것이다. 노예는 자기 의지나 생각대로 움직일 수 없다. 알코올중독이 되면 자기 의지에 의해 술을 마시는 것이 아니라 대상인 술에 의해 움직이게 된다.

중독문제로 고통받는 사람들은 모두 어딘가에 '꽂혀' 집착하고 있다. 알코올중독자는 술에 '꽂혀' 있고, 중독자와 함께 사는 가족은 중독자에게 '꽂혀' 있다. 그러면서도 자신이 무엇인가에 집착한다는 것을 부정한다. 이러한 강박적인 집착이 중독이다. 강박적인 집착은 대상을 바꾸어 나타나기도 한다. 따라서 자신이 한때 꽂혀 있던 어떤 것을 그만두면 다른 무언가에 다시 꽂히게 된다. 이는 술을 마시던 사람이 술을 끊으면서 도박이나 일, 운동 등 다른 어떤 것에 몰두하는 모습을 보이는 것으로 확인할 수 있다. 중독자가 스위치를 바꾸듯이 다른 중독으로 옮기는 이 같은 현상을 '교차중독'이라 부르기도 한다. 이는 중독이 개인의 성격 문제나 삶의 태도와 관련되기 때문이다. 온전한 회복이 되지 않았을 때, 그 대상이 바뀔 뿐 또 다른 어떤 대상의 노예가 되는 것은 흔히 일어나는 일이다. 그리고 그 대상은 다시금 우리의 삶을 위협한다.

중독자들이 노예 상태로 술이라는 대상에 자신을 던져 매달리는 것은 타의에 의한 것이 아니다. 중독자들에게는 술을 마시고 느꼈던 천국의 경험이 있다. 목을 타고 내려가는 술의 짜릿한 느낌, 위벽을 감싸고 돈 후 다시 위로 솟구쳐 뒷머리를 짜릿하게 때리는 술의 쾌감, 내 맘대로 뭐든 될 것 같고, 근심 걱정이 사라지는 찰나의 순간, 그것이 이들이 술이라는 대상에 대한 집착을 포기 못하는 이유다. 술을 마시고 중독이 심해질수록, 자신을 핍박하고 고립시키는 듯한 세상 속에서 이러한 천국의 기억은 더욱 간절한 피난처가 된다. 술의 부정적 결과로 진저리를 치다가도 삶이 힘들 때면(심지어 술 때문에 힘들 때에도) 다시금 떠오르는 술이 가져다준 그 천국의 기억으로 도망치고 싶다.

『어린 왕자』에 나오는 술꾼 이야기

"당신은 왜 술을 마시죠?" 어린 왕자가 물었다.

"잊어버리려고 술을 마시지." 술꾼이 대답하였다.

"뭘 잊어버린다는 거죠?" 어린 왕자가 자세히 물었다.

어린 왕자는 그에게 안타까운 마음이 들었다.

"부끄럽다는 것을 잊어버리려고."

술꾼은 고개 숙이며 고백하였다.

"뭐가 부끄럽다는 거죠?" 어린 왕자는 물었고, 그를 돕고 싶었다.

"술 마신다는 것이 부끄럽지!" 술꾼은 말을 끝내고 침묵을 지켰다.

어린 왕자는 어리둥절해하며 그 자리를 떠났다.

그러고는 "어른들은 확실히 너무 이상해."라고 중얼거렸다.

중독자들은 술 때문에 부정적 결과를 경험하고 그로 인한 다양한 감정(부끄러움, 죄책감, 두려움, 불안 등)과 상황을 감당하기 어려울 때, 결국 술을 선택한다. 술로 인해 경험하는 부정적 결과는 이들에게 음주에 대한 갈망을 불러오고, 이렇게 시작된 음주는 조절되지 않은 채 다시 더욱 심각한 부정적 결과로 이어진다.* 이러한 갈망과 조절되지 않는 음주, 그리고 부정적 결과로 이어지는 악순환의 사

---

* 현대의 중독상담사들은 갈망(Craving)이나 강박성 요소, 자기조절력 상실(loss of self-Control), 부정적 결과(adverse Consequence)에도 불구하고 지속되는 속성을 중독행동의 세 가지 요소(3C)로 보고 있다(조근호 외, 2011).

이클은 점점 더 중독자의 삶을 망가뜨리고, 발버둥칠수록 더 조여오는 올무처럼 술은 점점 더 중독자의 삶을 지배하게 된다.

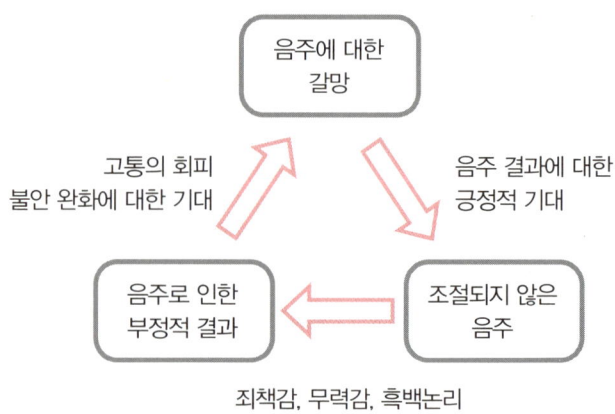

[그림 1-1] 중독의 악순환

애주가인가, 알코올중독자인가

우리는 종종 알코올중독자를 애주가로, 애주가를 중독자로 오해하곤 한다. 그렇다면 중독자와 애주가의 경계는 과연 무엇일까? 음주량을 기준으로 이 둘을 구분하는 것은 의미가 없다. 중독으로 진행되는 과정에서는 음주의 양과 빈도가 영향을 미칠 수 있지만, 이미 중독이 된 상태에서 마시는 술의 양과 빈도는 더 이상 의미가 없기 때문이다.

중독자들이 흔히 하는 음주에 대한 변명은 '일을 하려면, 사람을 만나려면 술이 필요하다.'는 것이다. 정말로 일을 하기 위해, 또는 사람을 만나기 위해 술을 마신다면 그 사람은 중독자라 할 수 없다. 어느 한때 술이 정말로 도움이 되었던 시기가 있었을지도 모른다. 하지만 중독의 경계를 넘어선 경우, 이들은 분명 일을 하거나 사람을 만나는 데 더 이상 도움이 되지 않음에도, 나아가 해가 됨에도 불구하고 술을 마시고 있을 것이다.

중독은 자신과 타인에게 피해를 주고 일상생활을 어렵게 만든다. 일단 중독이 되면 함께 술을 마시던 사람들이 점점 줄어들고, 일에도 여러 가지 문제가 나타날 것이며, 도모하던 많은 것이 술로 인해 점점 더 망가져 가는 것을 경험하게 될 것이다. 물론 이미 중독에 빠져 버린 중독자들은 이러한 상황을 있는 그대로 인정하려고 하지 않을 것이다.

이에 반해 애주가는 술을 통해 식도락을 즐기고 대인관계를 돈독하게 하는 등 삶을 풍요롭게 하고자 한다. 중독자가 술 자체에 탐닉한다면, 애주가에게 술은 도구일 뿐이다. 그러기에 술이 자신의 삶에 방해가 된다고 느껴질 때는 술을 내려놓을 수 있다. 얻고자 했던 많은 것이 술로 인해 무너져 갈 때조차 술을 놓지 못하는 중독자와는 전혀 다른 모습이다.

애주가는 술맛을 음미하면서 술을 즐긴다. 자신에게 해가 되지 않는 선에서 조절하며 마신다. 술 때문에 가족과 싸우지도 않는다. 술을 못 마시게 한다고 해서 화를 내지도 않는다. 그러나 중독자는 몸과 마음에 해를 끼치며 술을 마신다. 술을 음미하는 것이 아니라

단지 어느 정도의 취기에 도달하기 위해 들이붓는다. 몸이 망가지고 정신적으로도 망가져도, 음주의 결과로 화가 나고 외로우면서도 술을 마신다.

결국 중독자와 애주가의 가장 분명한 차이는 애주가는 자신과 타인에게 피해를 주지 않는 데 반해, 중독자는 자신과 타인에게 피해를 준다는 것이다. 자신의 몸과 정신, 삶을 망가뜨리고, 가족을 비롯한 가까운 주변 사람은 물론이고 나아가 우리가 함께 살아가는 공동체 전체에 피해를 주는 것이 중독이다.

알코올중독자와 빈 술병

술상 위 술병에 술이 남아 있다. 아까운가? 중독이 아닌 사람은 자신이 충분히 마셨다고 생각되면 술병에 남은 술이 그다지 아깝지 않다. 상황에 따라서 정말 말 그대로 '딱 한 잔'만 마시고도 일어설 수 있다. 하지만 중독자라면 술병에 남아 있는 술을 보고 일어나기는 어려울 것이다. 그 술이 너무 아깝다. 이 술병이 비는 것을 볼 때까지 일어설 수 없다.

알코올중독자와 외상값

중독자는 대체로 술값 외상을 떼어먹지 않는다. 다른 빚이라면 몰라도 술값은 잘 갚는다. 왜 그럴까? 중독자에게 가장 두려운 일이 술을 마시지 못하는 것이기 때문이다. 술을 마시지 못하고 술집에서 쫓겨나는 것은 가장 비참한 일이다. 그래서 이들은 그러한 상황만은 피하고 싶어 한다. 술집 주인이나 종업원들에게 멋진 술꾼이라는 소리를 듣고 싶어 한다. 하지만 중독이 진행되어 심각해지면 결국 어느 순간 술집 주인이나 종업원들에게도 환영받지 못하는 존재가 될 것이다.

알코올중독자는 세 가지 착각을 한다

내가 알코올중독일 리가 없어

중독자가 자신의 술 문제를 인정하는 경우는 극히 드물다. 자신이 중독자면 자신이 알고 있는 주변 사람 모두가 중독자라며, 자신의 음주나 그로 인한 결과는 모두 나름의 이유가 있는 것이지 결코 자신이 중독이라서가 아니라고 주장한다.

중독자임을 부정하기 위해서 이들은 일정 기간 동안 술을 마시지 않는 모습을 보이기도 하고, 직장생활을 유지하며 생활을 꾸려 나가고 있음을 증거로 제시하기도 한다. 하지만 이 모든 것은 술을 마시기 위한 준비 과정이며, 결국 음주와의 연결선상에 있는 것이다.

하지만 이들은 다른 사람들에게는 자신이 중독자가 아님을 적극적으로 주장하면서도 마음 깊은 곳에서는 자신의 음주에 문제가 있는 것은 아닌지 생각하는 경우가 많다. 그래서 TV에 나오는 알코올중독 관련 정보에 조용히 귀를 기울이곤 한다. 자신이 정말 술을 조절할 수 없는지 스스로 확인하기 위해서 마시는 술의 종류를 바꿔 보기도 하고, 마시는 방법을 고안해 보기도 한다. 그럼에도 이러한 스스로의 불안감은 감춘 채 밖으로는 한결같이 "나는 중독자가 아니야."라고 주장한다.

이러한 부정은 자신의 중독이나 그로 인한 파괴적 결과에 대한 인식을 방해함으로써 회복을 늦추는 결과로 이어지곤 한다.

나는 술을 마실 수밖에 없었어

알코올중독자들이 수없이 많은 증거에도 불구하고 자신의 문제를 인정하지 않을 수 있는 것은, 자신이 술을 마실 수밖에 없는 온갖 핑계가 존재하기 때문이다. 자신은 중독자라서 술을 마신 것이 아니라 어쩔 수 없는 이유 때문에 술을 마셨고, 그런 이유가 없었다면 술을 마시지 않았을 것이라는 나름의 논리가 있다. 하지만 문제는, 계속 이어지는 음주만큼 이에 대한 새로운 핑계와 이유도 계속해서 이어진다는 것이다. 그리고 그때마다 새롭거나 익숙한 핑계들로 술을 마실 수밖에 없었던 상황을 설명한다.

중독자들은 자신의 음주에 대해서뿐만 아니라 자신의 행동과 생각 모두에 대해서도 솔직하고 단순하게 인정하지 않고 그에 대한 이유를 만들어 낸다. 다른 누군가에게 그렇게 변명할 필요가 없을 때에도 자기 자신에게 합리화를 해야 한다. 마치 "저 포도는 시어서 맛이 없을 거야."라고 말하는 『이솝우화』 속의 여우처럼 사실과는 다른 이유를 만들어 내는 것이다. 이러한 이유를 만들어 내기 위해 머리를 쓰고, 결국에는 자신이 만들어 낸 이유를 자신도 믿어 버린다.

다 너 때문이야. 난 어쩔 수 없었어

중독자가 말하는, 술을 마실 수밖에 없었고 이런저런 부정적 결과들이 생길 수밖에 없었던 백만 가지 이유 중 대부분은 중독자 주변의 누군가 때문이다. 중독자는 그 누군가 탓에 어쩔 수 없이 술을 마셨다고 믿고 주장한다. 중독이 되면 사고가 왜곡된다. 그리고 왜곡된 사고의 끝은 주변의 가까운 사람을 향한다. 자신의 음주와 자기 삶의 불행에 자기 탓은 하나도 없이 모든 것은 주변 사람의 탓이 된다.

이들의 왜곡된 사고 속에서 이들은 피해자일 뿐이다. '온 세상과 사람들이 나를 무시하고 나에게 적대적이다.' '나는 어쩔 수 없다.' 이러한 사고는 자기연민에 빠져 술로 달래야 한다는 음주 핑계가 되기도 하고, 자기 뜻대로 되지 않을 때 폭력을 휘두르는 '자신만의 정당한(?)' 이유가 되기도 한다. 그리고 세상과 사람들이 바뀌지 않기에 자신은 술을 끊을 수 없다고 믿는다.

부정과 합리화, 투사로 이어지는 이들의 모든 모습 뒤에는 자신의 술 문제는 물론이고 자기 삶에 대한 어떠한 책임도 지지 않으려는 중독자의 모습이 숨어 있다. 자신의 문제를 인정하지 않는 것은 물론, 자신은 어쩔 수 없는 상황이며, 내가 아닌 다른 누군가의 탓으로 이러한 상황에 처한 것이기에 자신이 책임질 것도, 어찌할 수도 없다는 것이다. 이들은 자신이 술을 끊고 삶을 변화시키기 위해서는 상황이 바뀌어야 하고, 주변 사람들이 달라져야 한다고 생각한다. 그러면서 그저 자기연민에 빠져 있거나, 주변 사람들에 대한 분노를 터트리며 술을 마시고 있을 뿐이다.

02
알코올중독은 전인적 질병이다

중독은 질병이지만 질병으로 이해되지 못한다

중독은 질병이면서도 삶의 태도 문제다. 우선 중독은 질병으로 보고 치료를 제대로 받아야 한다. 하지만 본인도 주변에서도 병으로 생각하지 않는다. 그래서 가장 치료를 받으려 하지 않는 병이다.

알코올중독자와 가족을 포함해 많은 사람이 알코올중독을 병으로 받아들이지 않는다. 알코올중독이 야기하는 부정적 결과들만을 보며 병이 아닌 '죄 또는 나쁜 사람'이라고 여긴다. 그래서 주변에서는 이들에게 무엇이 옳은지 알려 주고 잘못을 지적하면, 이들이 고칠 수 있을 거라고 생각한다. 중독자 본인들도 자신이 반성을 하면 달라질 거라고 생각한다. 이런 이유로 어떤 가족은 치료를 위해서가 아니라, 충분히 '반성하지 않는(?)' 알코올중독자를 제대로 '정신 차리게(?)' 하겠다는 이유로 병원에 입원시키기도 한다. 이러한 가족은 병원 안의 알코올중독자가 반성하는 태도를 보이고 선처를 호소하면 의료진의 만류에도 불구하고 퇴원을 시킨다. 중독자가 자신의 잘못을 인정하고 충분히 반성하며 정신 차렸으니 이제는 술을 마시지 않을 것이라는 기대도 품는다. 하지만 이 알코올중독자는 어쩌면 자신을 병원에 '가둔' 가족에 대한 분노만을 키우고 있었을지도 모른다.

알코올중독자 대부분은 도덕적으로 나쁜 사람이어서 그런 모습을 보이는 것도 아니고, 스스로 원해서 그러한 행동을 하는 것도 아니다. 알코올중독이라는 병에 걸린 것이다. 그들이 도덕적으로 나쁜 사람으로 보이는 것은 알코올중독이라는 질병에 의해 나타나는 증상인 행동이 나쁘기 때문이다. 그 행동을 비난하고, 그 행동만을 고치고자 한다면, 그 뿌리에 있는 알코올중독이라는 병을 고칠 수 없게 된다. 뿌리가 해결되지 않았기 때문에 계속해서 반복되는 그 증상에 중독자 자신은 물론이고 가족도 지치게 될 것이다.

중독자 자신도 자신이 그러면 안 된다는 것을 모르지 않는다. 술을 마시면 안 되는 것을 알고, 술을 마셨어도 그렇게 행동해선 안 된다는 것도 안다. 다시는 그러지 않겠다는 결심을 수도 없이, 이를 악물고, 혈서를 쓰며, 자녀의 이름까지 걸고서 다짐하지만, 또다시 반복되는 음주와 부정적 결과에 자포자기하게 된다. 일단 술을 마시면 적당히 마시고 일어설 수 없을 것이고, 술에 취한 상태에서 일

어나는 일은 모두 자신의 통제를 벗어날 것이다. 그리고 다음 날 아침이면 느끼게 되는 자기 모습에 대한 끝 모를 자책감은 다시 술 생각으로 이어질 것이다. 중독이 병임을 인식하지 못하면, 이처럼 계속해서 중독에 매여 있게 된다.

가족 역시 알코올중독이 병임을 받아들이지 못하면, 알코올중독자를 도저히 이해할 수 없어 더욱 힘들어진다. '저 사람이 나를 사랑한다면', '저 사람이 생각이 있다면', 도저히 이럴 수는 없다는 생각을 하게 된다. '나를 무시해서', '저 사람에게 내가 중요하지 않아서', 아니면 '정말 그가 나쁜 사람이어서' 계속 저런다는 생각은 가족의 분노나 좌절을 깊어지게 만들 것이다. 때로는 중독자의 음주가 그의 말대로 '술을 마실 수밖에' 없게 하는 여러 이유 때문이라고 생각해 수많은 음주 핑계로부터 그를 보호하고 지켜 주기 위해 자신의 온 힘을 다하려고 할지도 모른다. 하지만 그럼에도 불구하고 막을 수 없는 중독자의 음주는 가족을 지치게 할 것이다.

알코올중독이 병이라고 해서 알코올중독자의 행동에 면죄부를 줄 수는 없다. 알코올중독이라는 병에 걸린 것은 본인의 의지도 아니고 자신의 잘못이 아닐지 몰라도, 그로 인한 증상으로 주변 사람들에게 피해를 준다면 그에 대해서는 책임을 져야 한다. 내가 감기에 걸린 걸로 죄책감을 가질 필요는 없지만 재채기를 해서 옆 사람의 비싼 옷을 망쳤다면 그에 대한 책임은 져야 하는 것과 마찬가지다. 감기는 나 혼자 치료받으면 될 문제지만, 옆 사람의 옷을 망친 것은 보상해야 하는 문제다. 옆 사람은 감기에 걸린 그 사람을 비

출처: 문경회복센터 홈페이지, 이정미 그림.

난하기보다는 감기 걸린 사람의 재채기가 자기 옷을 망치지 않도록 자신을 지키면서 그 사람이 감기 치료를 받을 수 있도록 도울 수 있어야 한다.

아프지 말아야겠다고 결심한다고 해서 아프지 않는 것은 아니다. 아프지 말라고 사정하거나 윽박지른다고 안 아파지는 것도 아니다. 치료를 받아야 더 이상 아프지 않을 수 있다. 알코올중독은 수술을 하거나, 주사를 몇 대 맞거나, 약을 며칠 먹어서 나을 수 있는 질병은 분명 아니다. 중독의 치료는 많은 시간과 노력이 필요한 과정이다. 어쩌면 그 과정에서 여러 힘겨움과 어려움을 겪을 수도 있다. 하지만 상처의 염증이 심해지는 과정에서의 아픔과, 수술 후에 상처가 낫는 과정에서의 아픔이 같은 듯하면서도 서로 다른 것처럼, 회복 과정에서의 힘겨움과 어려움은 중독이 진행되는 과정에서의 아픔과는 분명히 다르다. 회복의 힘겨움을 핑계 삼아 다시 술을 마신다면, 죽음에 이르러서야 끝나는 아픔을 선택하는 것이다.

중독은 점차 악화되는 진행성 질병이다

중독은 진행성 질병이다. 처음에는 자신도, 주변 사람들도 모르게 시작되지만, 어느 순간 점점 더 심해져서 나중에는 누가 봐도 알코올중독자임을 알 수 있는 지경까지 가게 된다.

'알코올중독자' 하면 흔히 떠오르는 이미지는 하루 종일 술에 취해 주변 사람들을 힘들게 하는 사람이나 거리의 노숙자이기 쉽다. 하지만 그들은 이미 알코올중독이 상당히 진행된 소수의 모습이다. 그보다 더 많은 대부분의 중독자는 우리 주변에서, 우리 모습과 비슷하게 일상생활을 영위하는 '것처럼' 보인다. 집에서의 모습은 어떤지 모르지만 직장생활은 그런대로 하는, 술만 좀 줄이면 참 좋을 누군가로 보일 수도 있다.

알코올중독의 진행 과정은 임신 과정에 비유할 수 있다. 임신 초기에는 자신도 주변에서도 임신 여부를 알지 못한다. 하지만 임신이 되었다면 본인이나 타인이 인지하든 못하든, 또는 받아들이든 못하든 뱃속에 아이는 분명히 존재하고, 시간이 갈수록 자신과 가까운 가족이, 그리고 더 시간이 지나면 더 많은 주위 사람이 임신 사실을 알게 될 것이다. 그리고 마침내 열 달이라는 시간이 지나면 아기는 세상에 나올 것이다. 물론 더 오랜 시간 임신을 감출 수도 있고, 본인 역시 자각을 못할 수도 있겠지만 시간이 지나면서 태아는 자라고 열 달 후면 출산으로 이어지리라는 것은 분명하다. 이는 중독의 진행 과정과 비슷하다. 처음에는 모를 수도 있고, 가까운 사람 외에는 감출 수도 있으며, 아니라고 부정할 수도 있지만, 음주의 중단이라는 분명한 계기가 있지 않고서는 이미 시작된 중독의 진행이 저절로 멈추거나 이전으로 되돌아가지는 못한다. 결국에는 파국에 이르게 될 것이다.

예전 어른들은 종종 가족의 술 문제로 고민하는 사람에게 그 사람도 나이 먹으면 나아진다고, 술도 줄어들 테니 참으라고 충고

출처: 문경회복센터 홈페이지. 이정미 그림.

하곤 했다. 하지만 이는 알코올중독의 진행이 저절로 멈추거나 완화되는 것이라기보다는 '역내성' 현상으로 볼 수 있다. 계속 술이 늘어 가던(내성) 사람도 어느 시기가 지나면 조금만 마셔도 쉽게 취하는 모습을 보이게 된다. 이는 이미 내성의 한계를 넘어 몸이 술을 감당할 수 없게 되었음을 보여 주는 것으로, 진행 과정의 막바지를 향해 가는 시기다.

알코올중독자의 어제와 그제는 오늘과 비슷했을 것이다. 하지만 5년 전, 10년 전의 모습이 어떠했는가를 물으면 그들은 자신이 어떠한 진행 과정을 밟아 왔고, 중독이 자신을 어떻게 서서히 망가뜨렸는지를 떠올리게 될 것이다. 지난 세월 동안 술로 문제가 점점 심각해지고, 술 때문에 점점 더 외로워지고, 술로 점점 더 제멋대로 흘러간 자신의 삶이 보일 것이다. 그리고 분명한 것은 오늘 술을 끊지 않는다면, 내일과 모레는 오늘과 별 다를 바 없겠지만, 5년 후, 10년 후에는 오늘과 확연히 달라진(아마도 눈에 띄게 망가진) 자신의 모습을 만나게 될 것이다.

중독은 감정의 병이다

중독자의 감정은 다양하지 못하다. 대부분 좋다/싫다, 좋다/나쁘다의 단순하고 극단적인 두 가지 감정을 오간다. 대부분의 사람이 감정의 동요를 일으키지만, 이는 어느 정도의 수준 이상으로 올

라가지도, 또는 그 아래로 내려가지도 않는 수준에서 유지된다. 그러나 알코올중독자의 감정은 보통 사람의 수준 이상 또는 수준 이하로 넘나들며 극적으로 변화되는 모습을 보인다.

때문에 알코올중독자는 감정을 조절하기가 힘들어 술을 마시는 경우가 종종 있다. 술 외의 방법으로 자신의 민감하고 극단적인 감정을 조절하는 방법을 알지 못한다. 그래서 술로써 감정을 조절하고자 시도하지만, 조절된다고 느껴지는 것은 일시적 착각일 뿐이다. 더욱 민감해진 감정 센서는 조절되지 않는 감정의 분출을 반복한다.

중독자의 조절되지 못한 감정은 극단적으로 엉뚱한 곳에서 폭발한다. 알코올중독자가 화를 내고 소리를 지르거나 폭력적으로 행동하는 모습을 보이면, 사람들은 중독자가 자신의 감정을 감추지 않고 잘 표현하는 것이라고 생각한다. 하지만 이들의 감정은 표현되는 것이 아니라 폭발하는 것이다. 그리고 그렇게 폭발하는 감정에 대한 죄책감이나 수치심은 다시 이들이 감정을 억누르는 상황을 만든다. 10만큼 화를 내야 하는 상황에서 1만큼만 화를 내거나 때로는 1만큼 화를 낼 상황에서 10만큼의 화를 내게 되는 것이다. 더구나 주로 분노처럼 보이는 감정은 사실은 온전한 분노의 감정이라기보다는 부끄러움, 슬픔, 외로움, 서운함, 원망, 심지어 미안함에 이르기까지의 다양한 감정이 녹아 있다. 그런데 그저 분노로만 표현되기에 오히려 분노 뒤에 숨은 진짜 감정은 더욱 감춰지고 해소되지 못한다.

출처: 문경회복센터 홈페이지. 이정미 그림.

그래서 이들의 감정 폭발은 자신에게도, 그리고 타인에게도 이해받거나 수용되지 못하고 계속 억압되거나 엉뚱하게 분출되며 더욱 외면받는다. 이렇게 오랜 시간 뒤엉킨 감정은 그 감정이 무엇인지 분별되지 않은 채 그저 가슴에 얹힌 돌덩이 같은 답답함으로 자리 잡게 되는 것이다. 그리고 이런 답답함 역시 술에 기대어 풀고자 한다. 감춰지고 억압된 감정은 얼핏 보기에는 드러나지 않지만 중독자의 모든 선택과 행동의 바탕에서 그들을 좌지우지하게 된다.

이러한 감정의 어려움은 중독자 외에 가족에게도 나타난다. 가족 구성원 역시 자신의 감정을 인지하고 표현하는 데 서툴고, 그렇게 해결되지 못한 감정을 부정적 방법으로 조절하고자 애쓰게 된다. 누군가는 약하고 만만한 상대에게 감정을 폭발시키고, 누군가는 자신의 감정을 그저 억누른다. 자신의 불안을 해결하기 위해 누군가를 통제하고자 노력하거나, 자신의 죄책감을 털어 버리기 위해 누군가를 비난하거나 과잉보호하는 모습을 보이기도 한다. 중요한 선택을 감정에 휘둘려서 내리는 경우도 많다. 그 와중에 가족들 사이를 오가며 서로 얽혀 있는 감정의 압력을 견디지 못하는 중독자는 술을 마신다. 이렇게 가족들 사이에서 해소되지 못하고 서로 서로에게 전가되며 덩치를 키워 온 감정은 계속해서 가족 안에 머물며 작은 자극에도 가족 모두의 감정을 요동치게 한다. 이러한 감정은 점점 더 극단적으로, 더 다루기 어렵게 변해 간다.

중독은 겉은 어른이지만 속은 어린아이가 되는 질병이다

중독에 빠지면 한 인간으로서 그 사람의 성장은 멈춘다. 살아가면서 겪어야 할 다양한 감정과 책임져야 할 많은 것을 술에 취한 채 회피해 버렸기에, 이러한 과정을 겪어 냄으로써 얻는 '성장'이라는 열매를 얻지 못한 탓이다.

성장하지 못한 채 멈춰만 있어도 다행이라 할 수 있다. 계속되는 술로의 회피는 이들을 더욱 퇴행하게 만들기 때문이다. 이들의 정서와 행동은 점점 더 어린아이 같은 모습을 보이게 된다.

이러한 모습은 가족을 포함한 주변 사람들을 당황하게 만든다. 한 사람의 어른으로서 가장의 자리에 있거나 사회생활을 하는 사람들조차도 가족이나 친밀한 관계에 있는 사람들에게 보이는 정서적인 모습은 어른의 모습이 아닐 수 있기 때문이다.

이러한 어린아이의 모습은 그 사람이 술을 끊는다고 해서 금방 어른의 모습으로 바뀌지 않는다. 이는 회복 과정에서 가족이 실망하는 원인('술을 마시나 안 마시나 똑같구나!')이 되기도 하고, 어린아이의 마음으로 어른의 외양을 하고 어른의 삶을 버텨 내야 하는 회복자에게 좌절감의 원인이 되기도 한다. 하지만 그렇게 버텨 내는 시간들은 성장을 가져오고 결국에는 진정한 회복의 과정에 들어서게 한다.

출처: 문경회복센터 홈페이지. 이정미 그림.

중독은 온 가족이 함께 앓는 가족병이다

가족은 알코올중독자로부터 가장 많은 영향을 받는다. 동시에 알코올중독자에게 가장 많은 영향을 미친다. 가족 구성원이 보여주는 많은 행동은 술을 마시는 알코올중독자에 대한 반응의 결과이다. 가족은 중독자의 변화무쌍한 태도에 늘 불안하다. 언제 무슨 일이 어떻게 벌어질지 모르는 예측 불가능한 상황에서 늘 무슨 일이 일어나는 건 아닌가 하는 두려움을 안고 있다. 그렇기에 변화무쌍한 중독자와 예측 불가능한 상황을 어떻게든 통제하고자 애쓰지만 결코 성공할 수 없는 노력이기에 좌절한다. 그리고 자신의 모든 불행이 중독자로 인해 일어나는 것이라는 생각에 중독자에 대한 원망과 분노를 가진다. 이러한 가족의 태도는 다시 중독자에게 부정적 영향을 미친다.

중독은 관계가 망가지는 질병이다

중독이 진행되면서 가장 두드러지는 증상은 관계가 망가지는 것이다. 그리고 그 결과는 고립이다. 그래서 중독자는 외롭다.

중독의 진행은 제일 먼저 가족관계를 망가뜨린다. 알코올중독은 가족을 힘들게 하고, 가족 역시 역기능적 상호작용 속에서 알코올중독자에게 부정적 영향을 미친다. 그 과정에서 서로 상처를 주고받고, 신뢰는 깨지며, 깊어지는 감정의 골 속에 결국 아무 의미 없는 갈등의 시간이 이어지는 경우가 대부분이다.

망가지는 것은 가족관계만이 아니다. 대부분의 알코올중독자는 관계가 서투르다. 이들은 술 없이 어떻게 사람을 만나고 친해지는지, 술 없이 어떻게 속 깊은 이야기를 나누고 의기투합할 수 있는지를 되물으며 자신의 인간관계에서는 술이 꼭 필요하다고 주장해 왔다. 하지만 그렇게 술을 마시는 나날이 지속되던 어느 날, 술 취한 자신의 옆에 아무도 남아 있지 않다는 것을 문득 깨닫게 된다. 언제부터인가 혼자서 술을 마시는 자신을 보게 되는 것이다. 관계를 위해 술을 마신다고 믿었지만, 결국 술로 인해 빈약한 인간관계마저 붕괴되고 만 것이다.

무엇보다 가장 크게 손상되는 관계는 자기 자신과의 관계이다. 중독자 역시 자기 자신을 이해할 수 없다. 용서할 수도 없다. 이런 자신의 모습이 너무나 싫다. 그렇게 자신에게 화를 내듯 술을 퍼붓기도 한다. 중독자는 자기 자신에게 가장 큰 상처를 준다.

그렇게 중독자는 세상으로부터 서서히 고립되어 자기만의 술병 속에 갇히게 된다.

중독은 생각이 왜곡되어 가는 질병이다

중독의 과정에서 중독자가 만들어 가고 경험하는 세상은 적으로 가득 찬 세상이다. 세상 모든 사람이 자신을 무시하고, 자신을 핍박하고, 자신을 음해하는 것만 같다. 이는 있는 그대로의 현실을 비틀어 대는 현실 왜곡이라 할 수 있다. 현실 왜곡은 술을 마시기 위한 필수 과정이다. 이들의 왜곡된 생각과 시선은 있는 그대로의 현실을 비틀어 술을 마셔야 한다는 결론으로 도달해 간다. 현실이 그러해서 술을 마신다기보다는 술을 마셔야 한다는 불변의 결론을 위해 현실을 비틀어 가는 것이다. 그래서 중독자의 생각은 이상하다. 얼핏 듣기에는 논리적이고 말이 되는 것 같아 속기 쉽다. 하지만 조금만 곰곰이 들어 보면 모순과 궤변일 뿐이다. 중독자는 술은 마셔야겠고, 하지만 그렇게 술을 마시는 자신이 스스로도 이해되지 않는다. 이러한 괴리 속에서, 스스로를 속이는 줄도 모르는 채 속여야 하는 중독자들은 자기만의 기괴한 논리를 갖게 된다. 이러한 생각의 목적은 하나다. 술을 마시기 위한 것이다.

 세상이 나를 술 마시게 한다는 증거를 만들어 내고자 하는 중독자에게 이 세상 모든 것은 그 재료가 된다(투사와 합리화). 무심코 던져진 한 마디의 의미를 파고 또 파고, 의미 없는 행위에 온갖 부정적 해석을 갖다 붙이면서 세상에서 가장 억울하고 불행한 사람이 되어 간다. 그리고 이러한 자기연민과 피해의식은 그 무엇보다 좋은 술안주이자, 술 마실 이유가 되어 준다. 술을 마셨지만, 술 마신 것은 자기 탓이 아니다(투사와 합리화). 주변 사람들에게 이를 설득하기 위해 먼저 자기 자신을 속인다. 이러한 생각은 남을 속이는 것뿐 아니라 자기 자신조차 속기 때문에 자기기만적이다(부정).

중독의 진행 과정에서 술을 마시기 위해 비틀어 댄 사고의 왜곡은 술을 끊고 나서도 쉽게 바뀌지 않는다(중독성 사고). 현실을 비틀어 보는 것이 습관이 된 중독자는 술이 들어가지 않아도 술이라는 결론으로 이끌어 가는 비틀어진 생각으로 어려움을 겪는다. 불쑥불쑥 화가 나고, 세상에 대한 불만이 울컥거린다. 자기만 옳다는 고집과 적대감이 견고하다. 반대로 자기연민과 죄책감의 나락에서 스스로를 학대한다. 이 모든 왜곡된 생각은 재발의 도화선이 되기도 한다. 이렇게 비틀린 생각의 방식은 회복의 시간이 쌓여 가고, 자신의 사고를 점검하는 많은 시간이 쌓여 가며 제자리를 찾는다.

중독은 인간의 영성을 망가뜨리는 질병이다

영적인 삶은 사람이 사람답게 사는 것으로, 감사의 마음과 인간에 대한 예의를 가지고, 용기와 겸손 등을 추구하는 것이다. 알코올중독은 영적인 질병이다. 때문에 자신에게 주어진 것에 만족하지 못하고 헛된 욕구를 충족시키기 위해 중독의 길을 간다. 자신의 완벽주의로 모두의 옳고 그름을 판단하며 심지어 자기 자신에게도 무자비한 비판을 가함으로써 죄책감을 키워 간다. 감사의 마음을 잊고 불평과 불만으로 가득 차 세상과 사람에 대한 원한과 분노를 쌓아 간다. 자신의 음주에 대해서도 자신은 결심만 하면 언제라도 술을 끊을 수 있다고 믿지만, 이는 자신을 속이는 것이다. 중독자들은 주변을 속이고 심지어 자기 자신도 속이는 삶을 산다. 이렇게 살아가는 삶은 힘들고 지치며 회의감으로 가득 차게 된다. 이 모든 것을 겸손하게 신에게 맡기고 자신의 무력함을 인정하는 순간 이들의 회복은 시작된다. 감사의 마음으로 용기를 가지고 인간다운 삶을 살기 위해 노력할 때 이들의 회복은 이어진다.

우리 아이가 스마트폰 중독?

요즘 아이들의 스마트폰 사용에 대해 어른들의 걱정이 많다. 스마트폰 중독은 기존의 알코올중독이나 인터넷중독의 뒤를 이어 새롭게 대두되는 심각한 사회문제로서, 스마트폰을 끼고 사는 아이들에 대해 부모님과 같은 어른들이 쉽게 갖다 붙이는 낙인이기도 하다. 하지만 우리 아이들에게 스마트폰 중독이라는 이름을 부여할 때에는 어른들의 신중한 고민이 필요하다.

태어날 때부터 스마트폰을 일상의 중요한 한 부분으로 익숙하게 사용해 왔던 요즘 아이들은, 이미 구축된 일상에 스마트폰이라는 것을 새롭게 끼워 넣은 어른과는 다른 문화 경험을 가지고 있다. 그들의 일상은, 즉 친구들과 나누는 대화나 자신이 좋아하는 취미생활(이른바 어른이라 할 수 있는 세대가 학창시절에 자기소개를 할 때 흔히 답하던 것들인 영화감상, 음악감상, 독서 등)은 물론이고, 자신이 알지 못하는 것들에 대한 해답을 찾고, 자신의 일상을 기록으로 남기는 것까지 모두 스마트폰을 통한다. 친구와는 직접 만나서 밥을 먹으며 대화를 나누고, 영화는 영화관에 가서 보며, 하루의 일과를 일기장에 적는 어른들이 자신들의 기준을 근거로 아이들의 스마트폰 사용의 과도함을 판단할 때, 이러한 문화 차이를 얼마나 고려하는가에 대한 생각을 먼저 해 봐야 한다.

과거에 학교 다녀와서 가방을 던져 놓고 밥도 안 먹고 숙제도 미룬 채 시간 가는 줄 모르고 밖에서 놀다 엄마에게 혼나곤 했던 어린 시절을 기억한다면, 우리 아이가 스마트폰을 쥐고 앉아 시간 가는 줄 모르고 몰두한다고 해서, 엄마가 원하는 대로 먼저 숙제를 하지 않는다고 해서, 밥 먹을 시간을 놓친다고 해서, 시간 맞춰 알아서 스마트폰을 내려놓지 않는다고 해서, 그 아이를 무조건 병리적으로 바라보지는 못할 것이다. 그보다는 아이들이 스마트폰의 세계 안에서 무엇을 하는가를 먼저 알아보는 것이 필요하지 않을까? 스마트폰으로 주로 게임이나 SNS를 하는지, 도박을 하는지, 아니면 학교 과제를 하는지에 따라 다르게 개입해야 한다. 만약 중독이 의심된다면 빨리 전문가를 만나도록 해야 한다. 스마트폰 중독은 사용 시간의 문제이기보다는 스마트폰으로 무엇을 하는지, 사용 조절이 되는지, 스마트폰 사용으로 학생으로서 자기 역할을 다하지 못하는지 등의 문제에 초점을 맞춰 보아야 한다. 부모는 자녀가 스마트폰으로 무엇을 하는지 자주 살펴보아야 한다. 부모가 자녀에게서 드러나는 문제를 인지하지 못하고 부인하는 것도 문제지만, 모든 것을 병리적으로만 바라보는 것 또한 문제다.

알코올중독은
어디에서 오는가

알코올중독은 술 문제가 아니라 사람의 문제다

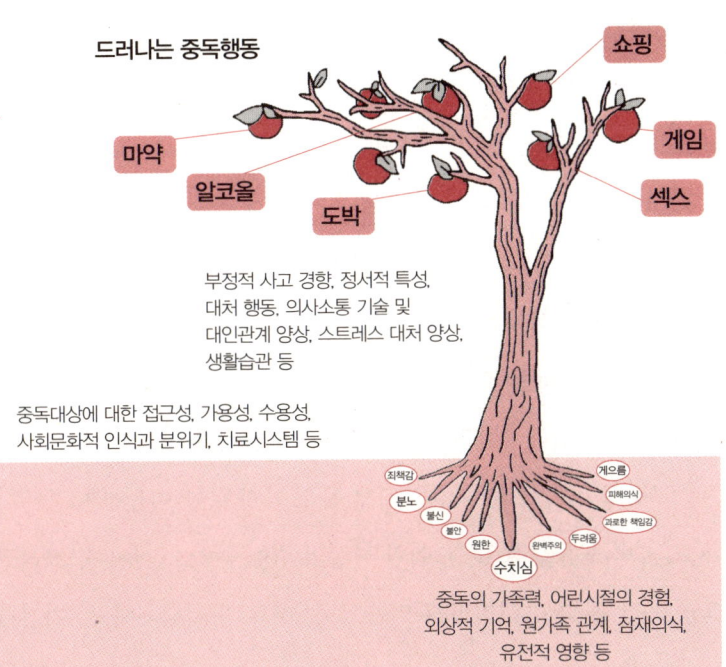

앞의 나무가 무슨 나무로 보이는가? 아마도 대부분의 사람은 감나무라고 답할 것이다. 그리고 그것을 어떻게 알았냐고 물으면 나뭇가지에 열려 있는 감을 보고 알았다고 할 것이다. 우리는 대부분 나무에 열린 열매를 보면 그 나무가 무슨 나무인지 알 수 있다. 앞의 나무에 열린 열매가 감이라면 이 나무는 감나무일 것이다. 그렇다면 너무나 당연하게도 이 나무의 줄기는 감나무 줄기일 것이며, 뿌리는 감나무 뿌리일 것이다.

우리가 누군가가 알코올중독자임을 알 수 있는 것은 그 사람의 중독과 관련된 행동을 보았기 때문이다. 하지만 이 사람은 중독행동을 했기 때문에 알코올중독자, 마약중독자, 도박중독자, 섹스중독자, 쇼핑중독자인 것이 아니라 이 사람이 중독자이기 때문에 음주나 도박 등의 중독행동을 한 것이다. 감이 열렸기 때문에 감나무가 아니라 감나무이기 때문에 감이 열린 것과 같은 이치다. 감을 보고 이 나무가 감나무임을 알기는 하지만, 감이 열려 있든, 열려 있지 않든 이 나무는 감나무다. 다시 말해, 이 사람은 중독행동을 하든 하지 않든 간에 중독행동으로 이어질 수밖에 없는 특성을 이미 가지고 있다는 뜻이다. 중독행동은 그저 드러난 행동일 뿐, 이미 이 사람은 중독행동을 할 수밖에 없는 정서적·행동적·인지적·관계적 특성을 가지고 있다. 이로 인해 이 사람은 술을 마실 수밖에 없는 것이다.

그리고 그러한 특성을 가지게 된 보이지 않는 이유들이 존재한다. 가족력과 유전적 요인, 어린 시절의 경험 등이 그것이다. 그리고 그중 가장 깊숙이 뿌리박혀 있는 것은 바로 수치심이다. 수치심과 어린 시절의 경험은 지금은 보이지 않지만 이 사람의 정서적, 행동적, 인지적, 관계적 특성을 만들고 자라게 한 이유가 되고, 더 나아가 중독행동이라는 열매를 맺게 한 근본 요인이 된다.

이러한 이유로 그 사람의 부정적 사고 경향이나 성격적 특징, 대인관계에서의 어려움 등이 달라지지 않은 채 단주 자체에만 초점을 두면 얼마 지나지 않아 재발하게 된다. 나무의 줄기는 그대로 둔 채 열매만을 떼어 내면 다음 해에 다시 나무가 자라고 열매가 맺히듯이 말이다. 때문에 단지 술을 못 마시게 하는 것만으로는 알코올중독자의 회복을 도울 수 없다. 중독자의 내면에 자리 잡은 어린 시절의 기억과 외상 경험, 더 나아가 뿌리 깊은 수치심이 어느 정도 해결되지 않은 상태에서는 정서적·행동적·인지적·관계적 특성을 변화시키는 데 한계가 있는 것도 같은 이유에서다. 때문에 우리는 나무 위에 열린 열매만 바라볼 것이 아니라 나무 전체를, 땅속에 숨겨진 뿌리까지 볼 수 있어야 한다. 마찬가지로 한 사람의 알코올중독자를 바라볼 때, 단순히 그 사람의 중독행동만이 아니라 그 사람 전체, 그리고 그 사람의 과거까지 조망해야 한다. 회복을 위해서는 전인적인 변화, 한 인간으로서 삶의 태도의 변화가 따라야 한다.

알코올중독의 뿌리는 수치심이다

수치심은 중독의 가장 깊은 뿌리를 이룬다. 깊은 수치심이 있으면 수치스러운 상황이 닥칠까 봐 불안하고, 이러한 수치스러운 상황을 피하고자 현실 도피를 하게 된다. 수치심은 또한 피해의식을 만들고, 수치스러운 자신을 감추기 위해 거짓말을 하게 하며, 이는 또다시 죄책감을 불러온다. 중독자의 일생은 수치스러운 자신을 감추기 위한 투쟁의 장이 된다.

중독자는 자신의 존재 자체가 부끄럽다. 공부를 못해 부끄럽다 하고, 가난해서 부끄럽다 하고, 그것도 아니면 그저 작은 실수나 잘못 하나에도 부끄러움을 극대화시키며 온갖 이유를 갖다 붙인다. 사실 중독자는 아무런 이유 없이도 자신의 존재 자체가 부끄럽다. 때문에 자신이 가진 욕구와 감정과 생각 모두를 부끄럽다고 생각한다.

수치심은 남이 나에게 주는 것이 아니라 자기가 스스로를 부끄럽게 생각하는 것이다. 이러한 수치심은 아주 어린 시절에 버림받았거나 거절당한 경험에서 출발하는 경우가 많다. 사랑이 가장 필요한 시기에, 사랑받아야 하는 순간에 사랑받지 못한 데서 생겨난다. 아주 어린 시절, 무력한 존재인 자신이 표현하는 배고픔 등의 욕구가 존중받지 못하고 무시될 때, 자신은 쓸모없는 존재라 여겨진다. 웃음이나 울음으로 표현되는 자신의 감정을 받아 주고 반응해 주는 누군가가 없을 때, 자신의 감정은 아무 의미도 없는 것이 된다. 이러한 상황이 반복되고 일상이 될 때, 존재 자체가 부끄럽고 쓸모없는 자아가 형성된다.

중독자는 스스로가 보는 자신이 부끄럽기 때문에 이런 자신을 남들이 어떻게 볼 것인가에 대해 예민하다. 자기 존재가 별 볼 일 없다고 생각하기 때문에 상대의 어떤 행동이 자신을 무시하는 것은 아닌지 민감하게 반응한다. 중독자가 가장 흔하게 갖는 생각과 감정은 상대가 자신을 무시한다는 착각과 그로 인한 분노다.

중독자는 무시당하는 것을 가장 싫어한다. 상대가 자신을 무시하는 듯한 작은 단서 하나에도 예민하게 반응하고 분노가 치밀어 오르곤 한다. 이렇게 끊임없이 상대의 반응에 예민해지면서 오히려 대인관계는 더욱 힘들어진다. 상대의 말 한 마디, 눈빛 하나에도 반응하니 이들의 삶은 피곤하다.

남의 시선을 의식하며 수치심을 피하고자 하는 노력은 거짓말과 거짓 행동으로 이어진다. 사소한 것에도 거짓말을 하고 그 거짓말이 탄로 날까 불안해한다. 당장의 수치스러움을 피하고자 한 거짓말은 점점 더 커지고, 이 거짓을 들키지 않기 위해, 또는 거짓이 탄로 나면서 스스로 고립되어 간다.

다른 한편으로는, 부끄러운 자신을 감추고 잘난 척한다. 할 수 있다면 잘난 척을 하고, 그렇지 못할 때에는 주눅이 들어 있다. 그러다 힘이 생기면 그 누구보다 그 힘의 위력에 빠져 권력을 휘두르게 된다.

부끄러운 자신이지만 남들은 자신을 좋게 봐 주길 바라는 모순된 마음을 갖는다. 좋게 보이기 위해 있는 그대로의 자신이 아닌 포장한 모습을 보이려 노력한다. 하지만 정작 누군가가 자신을 좋게 봐 준다 해도 여전히 자신은 부끄러운 존재이기에 누군가에게 받는 사랑이 낯설고, 꾸며진 모습 뒤의 자기 모습을 들킬까 봐 두려워

한다. 사랑을 받지 못해도 화가 나지만, 사랑을 받아도 불편하고 힘겹다.

부끄러운 자신이기에 자신의 선택이나 결정에 자신이 없다. 누군가 자신에게 정답을 알려 주길 바라고, 자신의 선택이나 결정이 잘못된 것은 아닌지 끊임없이 주변의 눈치를 살핀다. 자신의 선택과 결정에 자신이 없기에 그러한 불안을 감추려 오히려 고집을 부리며 우기거나, 반대로 상대의 비위를 맞추려 눈치 보며 자기 의견을 표현하지 못하기도 한다.

이렇게 사랑받지 못하고 거절당한 것에 대해 느낀 수치심은 가슴 깊이 감추어 두려 한다. 그러고는 부끄러운 상황을 피하기 위해 최선을 다해 노력하며 아닌 척 살아간다. 이럴 때 자신을 감출 수 있는 중요한 도구가 술이다. 술을 마신 자신은 그 어느 때보다 당당해 보이고 목소리도 커진다. 술을 통해 존재감을 느낀다. 술은 남의 시선을 의식하며 힘겹게 살아가는 삶에 큰 위로가 되어 준다.

04
알코올중독자는 왜 그럴까

알코올중독자도 술을 끊고 싶은데, 잘 안 된다

    많은 사람이 술을 끊겠다는 중독자의 말은 그저 하는 말이거나 상황을 모면하기 위한 거짓말이라고 생각한다. 이번만은 술을 끊겠다는 말을 믿었다가 번번이 실망을 거듭해 온 가족은 반복되는 중독자의 다짐을 외면한다.

    하지만 중독자도 술을 끊고 싶다. 건강 문제나 가족 간의 갈등을 경험하고, 또 다른 여러 부정적 결과를 경험하며 이들도 술을 끊어야 할, 또는 적어도 줄여야 할 필요성을 느낀다. 그래서 남들이 알게 모르게, 술을 끊거나 줄이고자 이런저런 시도를 해 본다. 그러나 자신의 뜻대로 되지 않았을 것이고, 반복되는 실패에 이들 역시 자포자기하게 되었을지도 모른다. 이러한 상황에서 가족이나 전문가가 이들에게 술을 끊어야 한다고 설득하거나 강요하는 것은 오히려 역효과를 가져온다.

중독자에게는 술을 끊고 싶다는 마음만큼이나 술을 끊고 싶지 않다는 또 다른 마음도 크기에 술을 끊고자 하는 이들의 시도는 어설프다. 때로는 술을 끊겠다는 계획만 수없이 세우고 제대로 실천하지 않는다. 옆에서 보기에 이러한 모습은 술을 끊을 생각이 전혀 없으면서 주변을 속이기 위한 거짓말쟁이의 행동으로만 보인다.

이번만은 문제를 일으킬 정도로 취하기 전에 적당히 마시다가 그만둘 수 있을 거라는 조절에 대한 망상은 끈질기게 살아남아 있다. 자신의 음주를 조절하려는 시도가 반복될수록 점점 더 망가지는 자신을 발견하고 '차라리 편하게 마시자!'고 생각하기도 하지만, 어느 순간부터는 더 이상 편하게 마실 수도 없는 자신을 발견하게 된다.

출처: 문경회복센터 홈페이지. 이정미 그림.

검은 비닐봉지 속 소주 한 병

B 씨는 언제부터인가 집 밖에 나가지도 않고 집 안에서 술만 마시며 지내는 날들이 이어지고 있다. 아내는 일을 나가고 아이들은 학교에 가고 난 뒤, 술을 사 와서 마시고, 잠들었다 깨면 다시 술을 사 오고, 또 마시다 잠이 드는 것이 그의 하루 일과였다.

B 씨가 술을 사러 가는 곳은 집 앞 슈퍼를 제외한 근처 몇몇 편의점과 마트다. 집 앞 슈퍼는 아내가 가게 주인에게 B 씨에게는 절대 술을 팔지 말라고 신신당부해 두었기에 창피해서 갈 수가 없다. 그래서 조금 걸어가더라도 다른 가게를 이용한다. 한 곳만 이용하지도 않는다. 가게 주인이 자신을 알코올중독자라고 생각할까 봐 몇몇 가게를 돌아가면서 이용한다.

술을 사 올 때도 꼭 소주 한 병을 사서 검은 비닐봉지에 넣어 집으로 가져온다. 검은 비닐봉지에 담아 오는 이유는 혹시 누군가 자신을 보더라도 술을 사 오는 모습을 들키고 싶지 않기 때문이다. 한 병을 사는 이유는 오늘만큼은 소주 한 병만 마시고 끝낼 거라고 자신만의 다짐을 했기 때문이다.

말은 안 하지만 B 씨 역시 저 속 깊은 곳에서는 자신의 중독문제를 인식하고 있었고, 이를 주변 사람들이 알아차릴까 봐 주위를 의식했다. 그리고 술을 많이 마시지 않고자 나름의 노력을 하고 있다. 물론 뜻대로 잘 되지는 않는다. 한 병을 다 마시고 나면 집을 나가 다른 가게에 가서 또다시 소주 한 병을 사 오게 될 것이다.

출처: 문경회복센터 홈페이지. 이정미 그림.

알코올중독자는 인간관계가 어렵다

중독자에게는 인간관계가 어려운 다양한 이유가 있다. 그리고 인간관계의 어려움은 외로움에 술을 마시는 중독자에게 손쉬운 음주 핑계가 되곤 한다. 하지만 외로움을 핑계 삼아 마신 술은 이들의 인간관계를 더 큰 어려움에 빠져들게 한다. 결국 어느 순간 외로워서 술을 마신 것인지, 술을 마셔 외로운 것인지 알지 못한 채 빠져나올 수 없는 외로움과 음주의 악순환에 매몰된다. 중독으로 빠져드는 연결고리는 인간관계의 어려움으로 인한 외로움이다.

예민한 사람은 인간관계가 어렵다
중독자에게 인간관계의 어려움이 발생하는 이유 중 하나는 예민함이다. 알코올중독자는 예민한 사람들이다. 수치심에 뿌리를 둔 낮은 자존감과 피해의식은 누군가의 별 의미 없는 말에도 예민해져 발끈하도록 만든다. 누군가 자신을 무시하는 것은 아닌가 하는 생각에 곧잘 마음이 상하고, 지나치게 민감한 센서는 수시로 사이렌을 울리며 자신은 물론 주변 사람들을 힘들게 한다. 이는 인간관계의 어려움으로 이어져 알코올중독자를 더욱 외롭게 만든다.

출처: 문경회복센터 홈페이지. 이정미 그림.

타인을 의식하는 사람은 인간관계가 어렵다

남을 의식하고 타인의 기준에 맞추려고 노력하는 것은 자신의 삶을 피곤하고 힘들게 만들 뿐 아니라 타인과의 진솔한 관계를 방해한다. 타인에 대한 이들의 의식은 누군가에게 사랑받고 인정받기 위한 절박한 노력이지만, 아이러니하게도 타인을 의식할수록 타인과의 관계는 멀어질 뿐이다.

타인의 시선을 지나치게 의식하고 눈치를 보는 사람은 있는 그대로의 자기 모습을 감추고 거짓된 모습을 만들고 보여 준다. 그리고 타인의 시선에 맞춘 거짓 모습으로 살아가는 힘겨운 노력이 한계에 다다를 때, 이들은 마치 그 시선이 자신을 힘들게 한 양, 자신이 의식했던 그 시선에 대한 원한과 분노를 갖게 된다. 타인에 대한 의식은 거짓을 만들고, 거짓은 타인과의 거리를 만든다.

두려움이 많은 사람은 인간관계가 어렵다

알코올중독자에게 인간관계의 문제가 생기는 또 하나의 이유는 두려움 때문이다. 두려움이 많으면 공격적이 된다. 이들은 자신이 두려움이 많다는 것을 인식하지 못하지만 두려움으로 인해 자신도 모르는 사이에 자신을 방어하려 한다. 이러한 방어는 대개 강한 공격성으로 나타나 상대의 약점을 파고들고 상처를 입힌다. 그리고 상처 입은 상대가 되돌려 주는 공격에 알코올중독자 역시 상처를 입게 되면서, 이들의 관계는 결국 서로를 공격하고 방어하는 관계가 되어 버린다.

출처: 문경회복센터 홈페이지. 이정미 그림.

이들이 공격적인 것은 겁이 없어서가 아니라 오히려 너무 겁이 많아서다. 최선의 방어는 공격이라는 말이 있듯이, 이들은 두려울수록 더욱 공격적이 된다. 거칠게 행동하고 독한 말을 하기도 한다. 이 모든 것은 내면의 두려움을 감추고 다루는 그들만의 방법이다. 너무 겁이 많은 이는 자신이 그저 화가 났거나 짜증이 났다고 생각하지만, 정작 이 분노 뒤에 감추어진 것은 그들이 인정하지 않고 있는 두려움이다. 두려움 때문에 방어하려는 사람과 이 사람의 거친 공격성 때문에 거리를 두는 상대방 사이에 친밀한 인간관계는 불가능하다.

비밀이 많은 사람은 인간관계가 어렵다

알코올중독자는 비밀이 많다. 부끄럽고 수치스러운 자신을 감추고 싶고, 자신을 감추기 위해 비밀이 많아진다. 이들은 있는 그대로의 자기 모습을 드러내는 것을 두려워한다. 자신의 생각이나 감정이나 욕구를 있는 그대로 드러내면 사랑받을 수 없고 남들이 싫어할 거라고 믿기 때문에 있는 그대로의 자신을 드러내지 못한다. 칭찬받고 싶고 인정받고 싶어서 꾸미고 감춘 모습을 내보여야 하기에 언제나 관계에서 거리를 둔다. 상대가 나를 좋아한다 해도, '진짜 나를 좋아하는 걸까?'를 계속 의심하고, '진짜 나를 보여 주면 실망하지 않을까?' 하고 두려워하며, '저 사람이 좋아하는 것, 저 사람이 인정하는 것은 진짜 내가 아닐 거야.'라는 생각에 기뻐하지도 못한다. 인간관계에서의 힘겨움만 있을 뿐, 이들은 비밀 뒤에 숨겨진 온전한 자기 모습으로 진솔한 관계를 맺을 수 없어 함께 있어도 항상 혼자이고, 언제나 외롭다. 자신을 모두 보여 주지 않았기에 다른 사람들 역시 마찬가지일거라 여기며 상대의 숨겨진 진실을 의심한다. 결국 이들은 그 누구와도 진실한 관계를 맺지 못한다.

정직하지 못한 사람은 인간관계가 어렵다

알코올중독자는 정직하지 못하다. 이들의 거짓말에 주변 사람들은 실망하고 상처받지만, 정작 이들의 거짓말은 자신을 보호하기 위한 방어막이거나 주변 사람들에게 상처 주지 않기 위한 선의의 거짓말에서 출발한 경우가 많다.

이들의 거짓말은 대개 술과 관련된 문제가 생기면서부터 시작된다. 가족이 걱정하고 잔소리하는 상황을 피하기 위해 음주를 부인하거나, 마신 술의 양을 줄이는 식으로 거짓말을 시작한다. 선의였기에 거짓말이라는 자각도, 거짓말을 했다는 미안함도 희미한 채, 그렇게 거짓말은 시작된다.

하지만 처음에는 좋은 의도였고, 술 문제로 국한되었던 이러한 거짓말은 점점 더 많은 거짓말을 필요로 하고, 습관이 되어 가면서 자신에 대한 모든 것이 거짓이 된다. 그리고 어느 순간 그럴 필요가 전혀 없는 상황에서조차 거짓말을 하고 거짓은 일상이 된다. 점차 자기 자신조차도 무엇이 진짜이고 무엇이 거짓인지 스스로 혼란스러워지면서 자기가 자기를 속이는 단계에 이르게 된다. 그리고 이즈음에는 주변으로부터 더 이상 신뢰할 수 없는 사람이 되어 있다.

출처: 문경회복센터 홈페이지. 이정미 그림.

알코올중독자 역시 자신의 일상이 거짓이기에 누군가를 신뢰하는 것이 쉽지 않다. 서로를 신뢰할 수 없는 사람들 사이에서 깊이 있는 인간관계란 불가능하다.

소통하지 못하는 사람은 인간관계가 어렵다

대화는 주고받는 것이다. 제대로 듣고 제대로 말해야 하지만 알코올중독자는 의사소통이 잘 안 된다. 듣는 것도, 말하는 것도 잘 되지 않는다. 알코올중독자는 상대의 말을 끝까지 듣는 것이 힘들다. 자기 생각에 꽉 차 있고 감정이 앞서기에 상대가 하는 말을 끝까지 듣기도 전에 이미 자신만의 판단을 내린다. 이미 가득 찬 그릇에 더 이상 그 무엇도 집어넣을 수 없는 것처럼 자신만의 해소되지 않은 생각과 감정이 가득 차 있는 사람은 상대의 이야기를 받아들일 공간을 만들 수 없다. 때로는 상대의 말이 자신의 조절되지 않는 감정을 흘러넘치게 해서 그의 말을 끊기도 한다.

그렇다고 상대에게 자신의 의도가 잘 전달되도록 말을 잘하는 것도 아니다. TV에 자주 나오는 스피드 게임을 생각해 보자. 한 사람이 제시된 단어에 대하여 설명을 하고, 그 단어를 보지 못한 다른 한 사람이 그것을 맞히는 게임이다. 간혹 단어를 보고 상대방에게 설명하는 역할을 맡은 사람이 제대로 설명하지도 않은 채 답을 맞히라고 하거나 심지어 상대에게 그 쉬운 것을 왜 모르냐고 짜증을 내는 경우가 있다. 우리는 이와 유사한 상황을 일상에서 종종 목격하곤 한다. 알코올중독자나 그 가족은 자신의 의도를 충분히 말해 주지 않은 채, 상대가 자신을 알아주지 않는다며 화를 내는 경우가 많다. 이러한 자기중심적 태도는 관계를 망친다. 알코올중독자들은 술에 취하지 않은 맨정신으로는 자신의 정당한 요구도 하지 못하고 참고 넘어가는 경우가 많다. 그러고는 오히려 나중에 엉뚱한 곳에서 화를 내고 상대방을 어리둥절하게 만들기도 한다. 말을 잘한다는 것은 내 입장에서 잘하는 것이 아니고 상대의 입장에서 잘 이해할 수 있도록 전하는 것이다. 또한 말을 한다는 것은 명령하는 것과 다르며, 내 감정을 터트리는 것과도 다르다. 제대로 표현되지 않은 것을 상대방이 알아서 이해하는 것은 불가능한 일임을 알아야 한다.

많은 경우 이들은 대화가 쌍방의 협력과 합의에 의해 함께 만들어 가는 과정임을 잘 이해하지 못한다. 알코올중독자나 가족은 마지막 결론을 미리 정해 놓고 대화를 진행하는 경우가 많다. 상대의 이야기를 듣고 자신의 이야기를 전하면서 함께 내리는 결론이 아니라, 자신만의 답을 정해 놓고 그 방향으로 대화를 끌고 가면, 통보나 강요가 되어 버린다. 당사자들은 쌍방 대화를 한다고 생각하지만 실상은 일방통행으로 이루어지는, 서로를 향한 통보에 그치는 이런 대화는 생각보다 많이 발생한다. 그리고 이러한 일방통행식 대화가 자신이 생각한 방향으로 가지 않는 경우에는 화를 내고, 대화는 중단된다. 때로는 각자 자신만의 결론에 도달해 서로 다른 생각을 품은 채 대화를 끝내고는 나중에 왜 말이 달라졌냐며 서로를 원망하기도 한다.

인간관계는 상호 간의 소통을 바탕으로 하기에 의사소통의 어려움은 인간관계의 어려움으로 이어질 수밖에 없다. 대화가 안 되는 관계에서 마음을 나누기는 어렵다. 마음을 나눌 수 없을 때의 외로움은 술을 마셔도 해결되지 않는다.

내가 옳아야 하고 내가 이겨야 한다

C 씨는 전단지를 정리하던 중에 자신이 사는 동네 마트에서 이번 주에 할인행사를 한다는 광고를 보았다. 저녁을 먹던 C 씨는 아내에게 그 사실을 이야기해 주었으나 아내는 자신이 마트에서 일하는 동네 친구에게 들었다며 할인행사는 다음 주라고 말했다.

C 씨는 자신이 분명 전단지에 나와 있는 날짜가 이번 주였다며 언성을 높였고, 아내 역시 지지 않고 자신이 알고 있는 것이 정확하다고 맞섰다. 두 사람의 언쟁은 결국 그간의 감정까지 폭발시키며 저녁밥상이 엎어지고 폭력 사태로 이어졌다. 마트 할인행사가 두 사람에게 큰 의미를 갖는 중요한 일이 아님에도 불구하고 두 사람은 그저 자기가 옳고 싶었고, 이기고 싶었던 것이다. 자신의 이야기가 받아들여지지 않는 것에 화가 났고, 자신의 의견을 굽히는 것이 지는 것 같고 무시당하는 것 같아 끝까지 고집을 부린 결과, 결국 그 누구도 승리자가 없는 부부싸움으로 파국을 맞았다.

길을 막고 물어봐, 내 말이 틀린가

D 씨의 가족들은 저녁식사를 마치고 함께 모여 과일을 먹던 중에 거실 탁자 위에서 아이의 동화책에서 나온 듯한 그림 한 장을 발견하였다. 오래전 복색의 한복을 입은 한 여자와 남자가 나란히 서 있는 그림이었다. D 씨의 아들이 이게 무슨 책에서 찢어진 거냐고 말

을 꺼냈고, D 씨는 그 그림은 『평강공주와 온달』에서 나온 것이라고 단정하듯 말했다. 여자의 복색에 달린 보석 장식이나 모양 등이 공주임에 분명하고 그에 비해 소박한 옷을 입은 남자는 온달이 틀림없다고 주장하였다. 하지만 가족들은 각자의 의견을 보태며 이런저런 다양한 의견을 제시하였고, 이 모든 의견에 조목조목 반박하며, 또 목소리를 높여 가며 그 그림이 평강공주와 온달임을 주장하던 D 씨는 결국 아무것도 모르는 바보들이 자신을 무시한다며 버럭 화를 내고는 문을 쾅 닫고 방으로 들어가 버렸다. 아이의 동화책 그림 한 장을 둘러싸고 가볍게 시작된 이 대화는 의도치 않은 분노 폭발과 냉랭한 분위기로 마무리되었다.

외로움은 인간관계를 더 어렵게 하는 악순환을 만든다

인간관계가 어려운 사람은 외로움을 느끼고, 외로움은 인간관계를 더욱 어렵게 만든다. 외로운 사람은 우울하고 생각이 많아진다. 우울한 상태에서의 복잡한 생각은 사람들이 자신을 배척하고 몰라주는 것만 같다는 원망으로 이어진다. 그리고 이 원망의 마음은 인간관계에서의 어려움을 더욱 심화시킨다.

여러 방식으로 표현되지만, 술에 취한 알코올중독자의 말은 대부분 "내 말 좀 들어 줘."로 요약할 수 있다. 술을 마시지 않고는 속에 있는 말도, 자신의 감정도 표현하지 못하는 대부분의 알코올중독자는 술의 힘을 빌려서라도 자신의 이야기를 하고 싶어 한다. 하지만 상대방에게는 이것이 그저 술주정으로만 인식된다. 자신의 말을 들어 주지 않는 상대방에게 화를 내고 난 알코올중독자의 '내 말'은 또다시 표현될 기회를 잃게 된다. '내 말'을 들려주고 싶은 간절함은 오히려 '내 말'을 들려주는 데 장애가 되고, 이는 더욱 큰 간절함으로 이어지는 악순환이 된다.

알코올중독자의 자기중심성은 어린아이와 같다

알코올중독자의 자기중심성이란 유아기적인 생각과 행동양식을 말한다. 중독자의 세상은 자기를 중심으로 돌아간다. 더 정확히 말하자면 세상이 자기를 중심으로 돌아가야만 한다고 생각한다.

알코올중독자의 자기중심성은 나는 가만히 있고, 주변이 변하기만을 바란다

자기중심성을 가진 사람은 문제의 원인을 자신이 아닌 남의 탓으로 돌린다. 자신은 피해자일 뿐이다. 그 때문에 자기는 가만히 있고 상황과 문제가 변해야 한다고 생각한다. 특히 주변 사람들이 자신이 원하는 대로 바뀌어 주기를 바란다. 이러한 자기중심성은 자신은 가만히 있고, 타인을 조종하여 변화시키려는 태도로도 드러난다. 하지만 세상이나 사람들은 이들의 뜻대로 움직여 주지 않는다. 때문에 중독자는 화낼 일이 많다. 자신의 뜻대로 되지 않는 세상과 사람들로 인해 분노와 원한이 깊어져 간다.

내가 사과했는데 왜 안 받아 줘?

술을 끊은 어느 날, E 씨는 가족에게 사과를 해야겠다는 생각을 했다. 그래서 늦은 밤 집에 들어가서 자고 있던 가족들을 모두 불러 앉힌 후 자신이 그동안 술을 마시고 가족을 힘들게 한 것에 대해 사과하였다. E 씨는 자신의 모습에 뿌듯해하며, 가족이 자신의 사과를 받아들여 자신을 용서하고 화해할 수 있을 거라 기대했다. 하지만 어리둥절해하며 그의 말을 듣던 가족들은 느닷없는 한밤의 사과가 끝나자 투덜거리며 일어섰다. 그리고 이 모습을 바라보던 E 씨는 자신이 이렇게 진심으로 사과하며 용서를 구했음에도 이를 받아 주지 않는 가족이 이해되지 않았다. 자신이 생각했던 훈훈하고 감동적인 화해의 장면과는 전혀 다른 현실에 그는 벌컥 화를 내며 가족에게 비난의 말을 쏟아 냈다.

E 씨는 한 번의 사과로 지난 세월 동안 쌓여 왔던 가족의 상처가 쉽게 아물 수 없음을 이해하지 못했다. 또한 사과를 할 때에는 상대가 받아 줄 준비가 되었는지, 상대의 마음을 헤아려야 함을 알지 못했다. 가족의 입장에서 그들의 마음을 이해하기보다는 사과하고 용서를 받고 싶었던 자신의 마음이 우선이었던 것이다. 그저 자신의 진정성 있는 사과를 받아 주지 않는 가족이 원망스러울 뿐이었다.

알코올중독자의 자기중심성은 나의 입장만 있고, 상대의 입장은 없다

알코올중독자에게는 자신의 입장은 너무나 분명하며 옳은 것이지만, 상대의 입장에 대한 고려는 없다. 자신이 타인과의 약속을 어기는 것은 그럴 수밖에 없는 백만 가지 이유가 존재하지만, 상대가 자신과의 약속을 어기는 것은 있을 수 없는 일이라고 생각한다. 가족이 아픈 경우에는 아픈 가족을 배려하기보다는 그로 인해 불편한 자신의 입장이 먼저이기에 오히려 짜증을 내거나 화를 낸다. 때로는 아픈 가족으로 인해 자기의 마음이 아픈 것에 대해서도 짜증을 내기도 한다. 모두 아픈 가족의 입장보다는 불편하고 힘겨운 자신의 입장이 먼저이기 때문에 나타나는 현상이다. 가족을 이해하기보다는 자신의 입장을 먼저 이해받고 싶은 것이다. 이는 중독자뿐 아니라 가족에게서도 나타나는 모습으로, 자신이 먼저 이해받고 싶은 서로의 자기중심성이 충돌하여 결국 서로에 대한 원망과 갈등으로 이어진다.

알코올중독자의 자기중심성은 받는 게 당연하다고 여긴다

알코올중독자는 타인의 도움을 받는 것에 대해 감사의 마음보다는 당연하다는 태도를 보이곤 하는데, 이는 자기중심성과 의존성에서 기인하는 경우가 많다. 이는 알코올중독 치료나 다양한 서비스가 무료로 제공될 때, 이들의 자기중심성과 의존성을 강화시킨다는 측면에서 위험하다. 특히 사업 진행 과정에서 정해진 실적이나 목표 달성을 위해 '모셔 오기' 방식으로 치료나 서비스가 제공되는 경우에는 중독자가 자신을 위한 것이 아닌 기관이나 실무자를 도와주는 행위로 인식할 수 있다.

중독자의 이러한 태도는 중독 치료나 서비스 실무자가 자신이 원할 때, 자신이 원하는 대로 움직여 주기를 바라는 데까지 이어진다. 무리한 요구를 하면서도 자신이 요구하는 것이 당연하고 오히려 자신의 요구를 들어주지 않는 것에 대해 화를 낸다. 그리고 이는 실무자 소진의 원인이 된다.

더 나아가 이들은 상대가 알아서 무엇인가를 해 주기를 바란다. 누군가 자신의 어려움을 뭐라 말하지 않아도 알아서 척척 해결해 주기를 바란다. 그러한 기대를 갖고 있다가 자신의 기대대로 되지 않을 때는 원한을 갖는다.

알코올중독자의 자기중심성은 모두 너를 위해서라는 핑계를 댄다

알코올중독자는 술을 마실 때에도 가족 때문에 마신다는 핑계를 댄 것처럼 단주를 하면서도 '가족을 위해서 내가 술을 끊어 준다.'는 생각을 갖곤 한다. 자신이 살기 위해 술을 끊는 것이 아니라 가족을 위해 자신이 희생한다고 생각한다. 이러한 생각은 자신도 모르게 회복이라는 '자기희생(?)'에 대해 가족의 보상을 바라는 마음으로 이어지고, 가족이 '이렇게 힘들게 술을 끊고 있는 자신'을 인정해 주지 않거나 자기 마음대로 움직여 주지 않으면 화를 내고, 다시 술을 마시겠다고 협박하게 된다. 결국 가족을 위한 단주는 실패하기 쉽다.

출처: 문경회복센터 홈페이지. 이정미 그림.

알코올중독자는 술 말고도 사는 게 힘들다

깨어진 무임승차의 꿈

알코올중독자는 삶의 고통을 견디지 못한다. 그래서 고통으로부터 회피하기 위하여 술을 마신다. 하지만 술을 마시는 것은 또 다른, 더 많은 고통을 불러온다. 그럼에도 그 고통으로부터 잠깐이나마 위안을 얻기 위해 다시 술을 마신다.

중독자는 사는 것 자체가 힘들다. 술로 인한 부정적 결과가 아니더라도 삶이 힘들다. 이들의 삶이 힘들어서 힘든 것도 있지만, 인생 자체가 고통이며 힘든 것이라는 사실을 받아들이지 못해서 더욱 힘들다. 인생이라는 열차에 무임승차를 꿈꾸었으나, 계속해서 자신에게 요구되는 삶의 무게를 견딜 수 없는 것이다. 이러한 삶의 무게를 피해 이리저리 도망 다니는 사이에 술까지 보탠 삶의 무게는 점점 더 무거워지고 있으나, 결국 이 무게는 자신이 감당해야만 하는 것임을 받아들이고 싶어 하지 않는다.

비극의 시나리오 작가

단주를 시작해도 사는 게 쉬워지지는 않는다. 삶은 여전히 힘겹고 뭐 하나 만만한 것이 없다. 하지만 이는 중독자에게만 해당하는 것은 아니다. 그 누구도 자신의 삶을 감당해 나가는 것이 쉽기만 한 사람은 없을 것이다. 다만, 삶이 무겁게 느껴지는 순간에 중독자는 자신이 비극적인 영화의 주인공이 된 것처럼 느끼며 스스로가

출처: 문경회복센터 홈페이지. 이정미 그림.

출처: 문경회복센터 홈페이지. 이정미 그림.

불행하다는 쪽으로 결론을 내리는 경우가 많다.

같은 상황이나 환경이라도 이를 어떻게 해석하고 받아들이는가에 따라 달라질 수 있다. 오르막과 내리막의 순간을 그저 삶의 한 부분으로 받아들이거나, 이 순간을 지나가면 어떤 새로운 시간이 펼쳐질 것인가에 대한 희망을 품기에 중독자는 너무 심각하고 비장하다. 이렇게 자신만의 비극의 시나리오를 써 가는 중독자의 눈에 '행복하기만 한 다른 사람들'과 다른 자신의 삶은 늘 북풍한설 몰아치는 고난의 연속이 된다.

스스로 만들어 가는 부정적 시나리오는 자기연민을 불러일으키고, 피해의식을 쌓아 가며 원한으로 발전한다. 그리고 그 끝은 결국 재발이다.

Finding Yourself
Facing Alcoholism

술을 끊는다는 것

05 회복의 의미
06 온전한 회복을 위한 여정
07 회복을 위해 필요한 것
08 회복의 길을 함께 가는 전문가의 자세

회복 중인 어느 알코올중독자의 하루

F 씨는 오늘도 평상시처럼 아침 일찍 눈이 뜨였다. 술을 마실 당시 F 씨의 아침은 머리를 때리는 숙취와 함께 어젯밤에 무슨 일이 있었는지 알지 못해 느껴지는 두려움과 불안, 사람들의 시선에서 느껴지는 모멸감, 또 취하고 말았다는 자괴감, 그리고 세상 끝으로 도망치고 싶을 만큼의 수치스러움과 절망감으로 가득했다. 때로는 술에 취해 몇 날 며칠이 흘러간 경우도 종종 있었고, 그 끝은 응급실에서 눈을 뜨는 것으로 마무리되었다.

술에 취한 채 배수구에 굴러 떨어져 잠이 들었던 다음 날 아침, 잠과 술에서 깨어 느꼈던 절망감은 더 이상 자신은 알코올중독자가 아니라고 우길 수 없게 했고, 이는 F 씨를 자기 스스로 병원에 가두게 하였다. 아무도 옆에 없었다. 가족은 더 이상 F 씨에게 기대하지 않았고, 오히려 조용히 죽어 주기를 바랄 정도였다. 이러한 경험들이 F 씨로 하여금 바닥을 치게 하였고, 이젠 단주 아니면 죽음만이 남았음을 인정하게 되었다. 일단은 어떻게든 술을 마시지 않기 위해, 자신을 가두는 방법밖에 없었다.

끝나지 않을 것 같던 지독한 금단증상도 어느 정도 진정되면서, F 씨는 자기가 왜 중독자가 되었는지, 자신이 왜 이렇게 병원에 와야 했는지 궁금해 미친 듯이 스스로를 성찰하기 시작했다. 어디서부터 자신의 삶이 잘못되었는지를 알아야 바로잡을 수 있을 것 같았다. 병원의 다양한 프로그램에 참여하면서 중독에 대해 배웠고, 술 없이 어떻게 살아갈지를 하나하나 새롭게 배우기 시작했다. 그렇게 시작된 단주는 순간순간 고비를 넘겨 가며 1년이 지나가고 있었다.

　단주를 시작하며 느끼는 행복 중 하나는 아침마다 느끼는 상쾌함과 가뿐함, 무엇보다 맑은 정신의 당당함이었다. 거리낄 것 없이 시작되는 하루였다. 여전히 어색함이 남아 있긴 했지만 눈치 보지 않으면서 가족과 함께 아침을 먹었고, 남들처럼 출근하며 하루를 시작했다. 뿌리 없는 부유 식물처럼 어디에서도 섞이지 못하고 떠돌던 F 씨는 이제 연약한 뿌리를 땅속에 박듯 집과 사회에서 조금씩 자기 자리를 만들어 가고 있었다.

　술을 끊은 후의 삶이 마냥 좋기만 한 건 아니었다. 술을 마셔 왔던 그동안 남들보다 한참을 뒤쳐져 버린 자신의 모습에 조급함도 없지 않았다. 노력한다고 해도 여전히 의심의 눈길을 거두지 못하는 가족을 보면 죄책감만큼이나 순간순간 짜증이 솟구치기도 한다. 무엇보다 술 없이 살아가는 것이 아직은 서툰 자신의 모습을 순간순간 확인한다.

　그래도 F 씨는 오늘도 자조모임에 간다. 술을 마신 세월만큼 단주를 해 보면 어떻게든 되겠지 싶다. 아니다. 그냥 오늘 하루 술 안 마시고 살아 보자. '아무리 힘들어도 술 마실 때보다는 낫다.'

05
회복의 의미

회복은 일단 술을 마시지 않는 것이다

 회복은 일단 술을 마시지 않는 것으로 시작된다. 결국은 안 마시는 것이 답이다. 어떤 억울한 일이 있어도, 어떤 답답한 일이 있어도 술을 마시는 순간 알코올중독자는 그저 중독자여서 술을 마신 것이 된다. 중독자가 아무리 옳은 말을 하고 좋은 뜻이 있어도 술을 마신 중독자의 말은 아무도 믿어 주지 않고 들어 주지 않는다.
 결국은 술을 마시지 않는 것으로 회복은 시작되는 것이다. 하지만 술을 마시지 않겠다는 결심이나 자신의 의지로 술을 마시지 않을 수 있다면 그 사람은 중독자가 아니다. 때문에 술을 마시지 않기 위해 중독자에게는 술과의 격리가 필요하다. 술과 물리적인 거리를 둘 수 있는 환경이 필요한 것이다. 이는 병원 입원이나 치료공동체 입소를 통해서도 가능하다. 이는 사회로부터의 격리라기보다는 술로부터의 격리다. 술로부터 안전하게 보호받는 상태로 회복의 과정을 시작할 수 있다.

회복은 죽느냐 사느냐의 문제다

알코올중독자에게 술은 더 이상 조절이나 타협의 문제가 아니다. 술을 계속 마실 것인가, 끊을 것인가의 양자택일의 문제일 뿐이다. 그리고 이 선택은 결국 죽느냐 사느냐의 문제다. 중독자가 술을 계속 마신다는 것은 목숨을 위협하는 문제이며, 살아 있다 하더라도 살아 있다고 말하기 어려운 삶을 지속하는 것이다. 회복은 그저 취미생활로 한번 해 볼 만한 일이 아니다. 목숨 걸고 시도하는 노력이다.

회복은 이론이 아닌 실천이다

회복의 시작은 단순하다. 술을 마시지 않는 것이다. 세 살짜리 아이도 아는 이 단순한 사실이 머릿속에서만 분명하고, 행동으로 이어지지 않아 회복은 시작되지 않는다. 회복은 결국 실천이다. 술을 마시지 않고 살아가는 것을 실천하는 것이다.

술을 마시는 중독자들은 회복을 모르거나 생각하지 않는 것이 아니다. 중독자들은 자신이 술을 마시면 안 된다는 것을 은연중에 알고 있다. 그래서 수백 번의 단주를 결심하고 머릿속으로 수없이 많은 계획을 세운다. 하지만 실천으로 옮기는 것이 너무나 어렵다. 이들은 회복에 대한 많은 생각을 하고 많은 말을 함에도 불구하고 여전히 술을 마시고 있다. 회복은 생각이나 말이 아니라 실천이다. 오늘 행동하지 않고 머릿속으로 생각만 하고 있다면 내일도 아무것도 바뀌지 않은 채 여전히 생각만 하게 될 것이다.

회복은 결과가 아닌 과정이다

　술을 마시지 않는 것으로 시작된 회복은 그저 술잔을 엎는 한 번의 이벤트로 끝나는 사건이 아니다. 이후로 계속해서 이어지는 과정이다. 때로는 더 나빠지는 것 같기도 하고, 때로는 모든 것이 다 해결되는 것 같기도 한 오르내림을 경험하는 과정이다. 더디게만 느껴지는 변화이지만 어느 순간 돌아보면 이만큼 성장한 자신을 느낄 수 있는 과정이다. 조급함을 버리고 조금씩 변하는 자신의 모습을 인정하고 존중할 때, 변화는 지속될 수 있는 추동력을 얻는다.

하루아침에 이루어지지 않는 변화의 과정

G 씨는 술을 끊기 전, 술에 취하기만 하면 집에 돌아와 물건을 집어던지고 부수면서 화를 내던 것이 일상이었다. 이로 인해 가족은 공포에 떨어야 했고, 가족과의 관계도 멀어져만 갔다.

단주를 시작하게 된 G 씨, 처음 한동안은 가족에게 잘해야 한다는 생각에 기분이 상해도 꾹꾹 참으며 지냈으나 어느 순간 쌓여 있던 감정들이 터지면서 또다시 물건을 던져 부수고 불같이 화를 내는 자신의 모습을 발견했다. 술을 마시지도, 취하지도 않은 상태였으나 술에 취했을 때의 모습과 다르지 않은 자신을 발견하고는 단주에 대한 회의감과 자괴감에 괴로웠다. 이후에도 다시는 그러지 말아야지 하고 결심하고서도 화가 날 때면 또다시 반복되는 폭력적인 모습에 자신은 물론이고 가족까지도 단주를 해 봤자 아무런 소용이 없는 것은 아닌가 하는 생각에 힘들어지곤 했다. 이럴 때마다 자조모임에 나가 자신의 그러한 모습을 고백했고, 동료들의 지지로 다시 힘을 얻었다.

그러던 어느 날, 여전히 소리를 지르며 화를 내던 G 씨는 그 와중에 자신의 모습을 깨달았고, 중간에 그런 행동을 멈출 수 있었다. 이후 시간이 가면서 화를 내다가 중간에 그만두는 일들이 몇 번 반복되던 G 씨는 어느새 소리를 지르려던 순간 이를 인지하고 화를 참으며 대화를 시도하는 자신을 발견하기 시작했다. 자신의 감정과 행동을 알아차리면 조절할 수 있다. 더디게 느껴지는 변화였지만, 자신이 바뀌고 있음을 자신은 물론 가족도 느끼고 있었고 그러한 변화를 인정하기로 했다. 이후 한참의 시간이 지난 후 G 씨는 자신도 의식하지 못하는 사이에 자신의 분노를 차분히 가라앉힌 채 가족과 대화를 나누고 있는 자신의 모습을 발견하게 되었다. 시간은 걸렸지만 분명히 변하고 있었다.

회복은 술 없이도 행복하게 사는 방법을 배우는 것이다

알코올중독자는 삶의 모든 순간, 모든 부분에 술이 자리 잡고 있다. 마치 한우의 마블링처럼 술은 중독자의 삶과 분리될 수 없이 혼재되어 있다. 이들은 사람들과의 만남에서 느끼는 어색함을 술로 없앴고, 힘겨운 감정을 술로 달랬으며, 심지어 배고픔이나 통증도 술로 해결했다. 이렇게 살아온 오랜 시간들로 인해, 이들은 술을 마셨을 때의 자신을 오히려 더 '정상적인 것처럼' 느낀다. 술을 마시면 인간관계도 잘하고, 자신감 있고, 생각도 더 잘되며, 용기도 생기는 것 같다. 다른 사람들의 눈에는 명백히 오작동하는 모습이지만 중독자의 주관적 경험은 술을 마신 상태에서의 자기 모습이 오히려 정상적이다. 그에 반해 술을 마시지 않은 자신은 점점 더 오작동을 하고 있다고 여겨진다. 마치 오랫동안 배를 타고 나갔다 돌아온 뱃사람이 육지에 내리면 오히려 멀미를 하는 것과 마찬가지다. 이를 극단적으로 보여 주는 것이 바로 해장술이다. 술을 마시고 난 다음 날 아침에 경험하는 숙취는 술이 들어가면서 안정이 된다. 떨리던 손이 진정되고, 불편하던 속도 편안해진다.

알코올중독자들의 단주는 이러한 주관적 오작동의 상태에서 시작된다. 오작동은 자신의 몸은 물론, 생각과 감정과 기능에 이르기까지 모든 것이 삐거덕거리는 상태다. 이러한 상태에서 벗어나 점차 술이 없는 상태에서 정상적으로 작동하는 자신을 만들어 가는 것이 회복의 과정이다. 정상적인 작동을 위해 중독자들은 술이 없는 상태에서 어떻게 자신의 감정을 처리하고, 어떻게 인간관계를 하며, 어떻게 속에 있는 말을 하는지 등을 하나하나 새롭게 배워 가야 한다. 이전에 걸었던 사람이라도, 오랫동안 앉아 있다가 다시 일어나 걷기 위해서는 굳은 근육을 풀고, 다리를 옮기는 방법을 새롭게 익혀 가야 하는 것처럼 말이다.

이는 시간이 걸리는 힘겨운 과정이다. 그러기에 서툰 걸음을 지지해 주고 기다려 줄 주변의 도움이 필요하다. 주변 지지체계의 기다림과 도움이 필요한 것이다. 하지만 가족은 물론 대부분의 전문가나 주변 사람들은 중독자가 술이 문제이고 술을 마신 상태가 오작동의 상태였기에 단주만 하면 곧바로 정상적인 작동을 하게 될 것이라고 착각한다. 그래서 단주 초기의 삐걱거림에 실망하고 때로는 비난한다. 그 때문에 가족과 전문가 역시 회복이 시간이 필요한 과정임을 기억하는 것이 중요하다.

처음 만난 내 아내, 훌쩍 커 버린 자식

알코올중독자 H 씨는 25년 전 중매로 아내를 만났다. 안 그래도 소심하고 내성적인 성격에다 여자를 만난다는 사실에 잔뜩 긴장한 H 씨는 아내를 처음 만났을 때, 아무 말도 못하고 쭈뼛거리며 어쩔 줄을 몰라 했다. 하지만 아내에게 맥주 한 잔을 청하고 함께 술을 마시면서부터 긴장이 풀린 H 씨는 이런저런 농담을 던지며 만남을 주도했고, 첫 만남에서부터 술에 만취한 채 헤어졌다. 이후 데이트마다 술을 마셨고, 결혼해서 첫날밤에도 긴장을 풀기 위해 시작한 한 잔은 결국 만취로 이어졌다.

함께 살면서 음주문제는 계속 이어지고 점점 심해졌다. 최근 10년간은 거의 매일 술에 취한 채 귀가하여 부부싸움 끝에 잠들기를 반복했다. 결국 병원에 입원해 알코올중독을 치료받기에 이르렀고, 몇 달간의 입원 치료를 마친 H 씨는 집에 돌아왔다.

H 씨는 몇 달 만에 돌아온 집이 무척이나 낯설었다. 집뿐만 아니라 가족도 낯설었다. 가족 역시 H 씨 앞에서 어색해하기는 마찬가지였다. 함께 저녁을 먹을 때도, 함께 거실에 앉아 있을 때도 별다른 말이 없었다. 아내와 자식들은 이런저런 이야기를 나누기도 했지만, 자신은 그들이 나누는 이야기들에 대해 별로 아는 바가 없었다. 남편으로서 아내에게 어떤 말을 해야 하는지, 아빠로서 자식들에게 어떻게 말을 걸어야 하는지 전혀 몰랐다. 심지어 그들의 질문에 무슨 반응을 해야 하는지도 고민이 되었다.

그나마 술을 마셨을 때에는 술주정이라 무시당하면서도 이런저런 잔소리나 간섭을 했었다. 불평이나 화라도 내며 자신의 속마음을 드러내기라도 했다. 하지만 맨정신의 H 씨는 부부로서의 대화도, 아빠로서의 역할도 처음 겪는 일처럼 생소하기만 하다.

회복은 결국 술로부터 자유로워지는 것이다

회복은 술로부터 자유로워지는 것이다. 자유로워진다는 것은 멀어지거나, 감추거나, 없는 것처럼 여기는 것과는 다른 것이다. 아직 술을 완전히 극복하지 못했을 때, 중독자들은 술 얘기도 피하고 생각도 하지 않으려고 한다. 단주하면서도 여전히 술에 얽매여 있는 사람은 마치 자신은 술과 아무런 상관이 없는 듯, 이 세상에 술이 없는 듯 술에 대한 언급을 피한다. 술에 대한 이야기만 나와도 경직된다. 이는 가족도 마찬가지여서 가족 역시 하나의 금기처럼 술에 대한 언급을 피한다. 하지만 세상 끝 외딴섬에서 홀로 살지 않는 한, 우리는 술로부터 완전히 벗어날 수 없다.

술 얘기를 농담처럼 아무렇지도 않게 할 수 있을 때 술을 편안히 끊을 수 있게 된다. 가족 역시 술로부터 자유로워질 때 편안해질 수 있다. 더 이상 술을 마시지 않음에도 술이라는 존재가 개인이나 가족을 억누르고 있을 때, 이들은 여전히 술을 중심으로 돌아가는 삶 속에 있는 것이다.

온전한 회복을 위한 여정

몸의 회복

규칙적으로 잘 먹고, 잘 자고, 잘 쉬어라

단주 초기에는 잘 자고, 잘 먹고, 잘 쉬는 것만 제대로 해도 성공이다. 술을 마시던 오랜 기간, 숙면은커녕 술에 취해 쓰러졌다가 천근만근 피곤을 더한 몸으로 눈을 뜨곤 했다. 영양가 있는 한 끼 식사보다는 한 잔이라도 더 알뜰히 채우기 위해 속을 비워 가며 그 속으로 술을 들이부었다. 그 과정에서 몸은 점점 망가져 갔지만 술에 취해 알지 못했다. 술은 아무런 영양가는 없으나 열량이 있어서 힘을 쓰게 했고, 마취제로 작용하여 고통을 완화시켜 주었기에 중독자는 밥을 먹지 않고도 술의 힘으로 움직였고, 술로 망가진 몸의 고통을 잊을 수 있었다.

하지만 단주가 시작되면서, 그동안의 음주가 얼마나 자기 몸을 망가뜨렸는지 직면하게 된다. 알코올이라는 마취제의 영향력이 사라진 후 선명하게 드러나는 몸의 손상은 당황스럽다. 하지만 이제 그 몸과 함께 회복해 가야 할 때이다. 이때 가장 신경 써야 하는 것이 규칙적인 식사와 수면, 그리고 휴식이다. 가장 기본적인 것이자 가장 중요한 것이다. 하루 밥 세 끼, 8시간 정도의 수면, 그리고 충분한 휴식, 생명을 가진 모든 존재에게 가장 중요한 것이자, 특히 회복 중인 알코올중독자에게 새로운 삶의 시작이다.

하지만 단주 초기에는 단순히 먹고, 자고, 쉬는 것조차 쉽지 않다. 술술 넘어가던 술 대신 꼭꼭 씹어 먹어야 하는 음식들은 낯설기만 하고, 오랜 시간 술안주로 익숙했던 음식이 술 한 잔을 생각나게 해도 꾹 참아야 한다. 알코올에 익숙해져 버린 뇌는 온 신경이 곤두서는 불면의 밤을 가져왔다. 아무 일 없어도 들썩거리는 불안과 초조에 편안한 휴식 같은 건 남의 일인 것만 같다.

회복을 해 가며 배워야 하는 많은 것 중 먹고, 자고, 쉬는 것은 꼭, 그리고 잘 배워야 하는 것이다. 술에 취해 방치했던 삶의 숙제들이 쌓여 주변 지인들에 비해 부족하기만 한 자기 모습이 마음을 조급하게 하겠지만, 먼저 자기 몸이 회복할 수 있는 시간을 주어야 한다. 우선 규칙적으로 잘 자고, 잘 먹고, 잘 쉬는 방법을 배우고 익히자. 잘 자고, 잘 먹고, 잘 쉬기 위한 노력은 평생 이어져야 한다. 몸이 힘들거나 배가 고픈 상황, 피곤은 재발이라는 가장 위험한 순간을 가져온다.

꼭 피해야 할 재발 위험 상황

- **배**(Hungry): 배고픔
- **화**(Angry): 화, 분노
- **고**(Lonely): 외로움
- **피**(Tired): 피곤, 과로

금단증상을 이해하고 극복하라

오랜 세월 몸의 일부분처럼 함께하던 술기운이 사라지면 온몸에서 술을 부르는 것만 같은 증상을 경험하게 될 것이다. 오랫동안 지속된 음주는 몸속에 알코올 기운이 남아 있는 것이 오히려 정상처럼 여겨지게 만들었고, 그렇지 않은 경우 온몸으로 이상반응을 일으키도록 만들었다. 금단증상은 이처럼 오랜 시간의 음주가 갑작스럽게 중단되는 경우 신체적으로 나타나는 다양한 반응을 말한다. 손 떨림이나 불면에서부터 심한 경우 환청이나 환시까지 다양한 증상이 나타날 수 있고, 별것 아닌 일에도 짜증이 나고 불안한 것 역시 꽤 오랫동안 남아 있을 수 있는 금단증상이다. 이러한 금단증상은 몸과 마음을 불편하게 하고 더구나 술을 마시면 이러한 증상들이 사라질 것임을 알기에 술에 대한 커다란 갈망을 일으킴으로써 단주 초기 큰 어려움으로 작용한다.

금단증상은 그동안 음주로 자신의 몸이 어떠한 영향을 받았는지를 여실히 보여 주는 것이다. 짧게는 2주, 길게는 2년까지도 다양한 증상을 경험할 수 있다. 이 과정은 회복의 과정에서 겪어 나가야 할 과정이며, 비관할 일도, 좌절할 일도 아니며, 금단증상을 이유로 다시 술을 마실 일은 더더욱 아니다. 그동안 자기 몸에 스스로 가한 자해의 결과이므로 잘 먹고, 잘 자고, 잘 쉬는 것으로 가해에 대한 보상을 하며 자신의 몸을 보살펴 주어야 한다.

금단증상의 경중은 사람마다 다르다. 금단증상이 심하게 나타날 경우, 적절한 의료 조치가 취해지지 않을 경우 생명의 위협을 경험할 수도 있다. 때문에 금단증상에 대한 적절한 대처와 이로 인한 재발을 예방하기 위해서 병원에서 금단증상을 겪을 수 있도록 하는 것이 하나의 방법이다.

J 씨의 금단증상

J 씨는 알코올중독으로 전문병원에 입원한 지 3개월이 되어 간다. 처음에는 여러모로 힘들었으나 병원 생활도 적응되고 여러 프로그램에 참여하며 단주를 위한 노력을 하였다. 몸도 많이 회복되었고, 가족과도 다양한 방식으로 소통을 하며 관계 회복을 위한 노력들을 해 왔다. 그렇게 퇴원을 준비하고 있을 무렵, J 씨의 병실로 이제 갓 입원한 환자가 들어왔다. 술에 만취한 상태로 며칠 전 병원에 실려 왔던 사람이었다. 그는 아직 술기운이 사라지지 않았을 뿐 아니라 여러 금단증상으로 힘겨운 상태였다. 손이 떨려 국물을 제대로 떠먹지도 못했고, 누군가의 말도 제대로 듣지 못했으며, 자신의 의사 표현도 제대로 못 했다. 잠이 들기도 힘들었지만 잠들었다가도 온몸이

> 땀에 젖어 일어나곤 했고, 화장실 가는 것조차 쉽지 않았다. 식사 시간 동안 의자에 앉아 있는 것도 힘들어 떨리는 몸으로 땀에 젖은 채 앉아 있는 그를 바라보며 J 씨는 한동안 잊고 있었던 자신의 입원 초기 금단증상 경험이 떠올랐다. 병원이 아니었다면 다시 술을 마시고야 말았을 그때의 지옥 같던 시간들이 지나가며, 그 시간들을 통해 자신이 얼마나 자신의 몸을 학대했는지 깨달았다. J 씨는 지금은 한결 편안해진 자기 모습에 감사하는 마음이 생겼고, 힘겨워하는 그를 위해 자신이 할 수 있는 만큼 옆에서 도와주기로 결심하였다.

신체건강을 관리하라

알코올에 중독이 되면, 머리끝에서 발끝까지 온몸이 영향을 받는다. 오랜 기간의 음주로 망가진 몸은 술을 끊는다고 해서 한순간에 나아지지 않는다. 건강이 나빠지면 회복에도 잘 집중할 수 없기에 건강을 잘 관리해야 한다.

신체건강을 위해 꼭 필요한 것이 적절한 음식이다. 알코올중독에서 회복 중인 사람은 음식을 안주로 보는 경우도 있다. 하지만 적절한 음식은 회복을 위해서도 건강한 삶을 위해서도 아주 중요하다. 회복 초기의 중독자는 단주를 위해 포만감을 유지하는 것이 도움이 된다. 이들은 회복을 하면서 음식의 맛을 제대로 알아 가게 된다. 매일 정해진 시간에 영양분 있는 음식을 천천히 씹어서 먹어야 건강에 좋다. 음식은 많이 먹기보다는 약간 적게 먹는 것이 좋고, 가능한 한 맛을 음미하면서 천천히 식사하는 것이 건강에 도움이 된다.

　꾸준한 운동 역시 회복 과정에서 필수다. 운동은 일정한 시간에, 일정한 장소에서 규칙적으로 해야 습관이 잘 유지된다. 혼자서 운동하는 것도 좋지만 가족이나 마음에 맞는 친구와 같이 즐기면서 하는 운동은 삶의 질을 높이고 회복에 도움을 준다. 회복 중인 중독자는 운동을 함으로써 정신기능이 좋아지고 올바른 판단을 할 수 있다. 또 건강한 체력에서 회복의 시기를 잘 견뎌 낼 힘을 얻을 수가 있다(박상규, 2019).

　마지막으로 중요한 것은 잠을 잘 자는 것이다. 회복 중인 많은 중독자가 불면에 시달리고 있다. 낮과 밤이 바뀐 생활습관은 회복 유지에 장애가 된다. 질 좋은 수면을 위해서는 신체건강이 뒷받침되어야 한다. 매일 적절하게 먹고 적절하게 운동하면 잠이 잘 온다. 잠이 오지 않으면 억지로 자려고 하기보다는 명상이나 독서를 하면서 시간을 활용하는 것이 좋다. 누워서 머리끝에서 발끝까지 자기 몸의 감각을 알아차리는 마음챙김도 도움이 된다. 마음을 편안하게 하면서 지금 여기에 감사할 줄 알면 수면장애가 줄어든다. 수면장애가 심할 경우는 병원을 찾아 전문가의 도움을 받아야 한다.

관계의 회복

관계 안에서 자기 자리를 찾으라

우리는 누군가의 자식, 누군가의 부모, 누군가의 배우자나 연인, 그리고 친구와 동료 등 다양한 관계망 안에서 가족의 한 사람, 사회의 한 구성원으로 역할을 해야 하는 존재다. 알코올중독은 이러한 관계망의 자기 자리에서 벗어나 혼자만의 고립된 세계로 점차 빠져들게 만들고, 어디에서도 소속감과 존재감을 느끼지 못한 채 살아가게 한다.

관계의 어려움은 중독의 원인이자 결과가 된다. 관계에서의 어려움으로 인한 외로움은 술을 마시는 커다란 핑계가 됨과 동시에, 이런 이유로 술을 마시면 마실수록 관계는 더욱 어려워지고 외로움은 깊어진다. 때문에 중독으로부터의 회복에서 관계의 회복은 재발 예방은 물론이고 행복하고 만족스러운 삶을 위해 중요한 과정이 된다. 회복에 있어 기능의 훈련보다 훨씬 중요한 것이 관계의 회복이다.

회복은 이러한 다양한 관계망 안에서 자신의 자리를 다시 찾아가고, 주변의 관계들과 단단하게 연결되며, 그 속에서 소속감과 존재감을 느낄 수 있는 것이다. 그렇게 주변과 연결되어 있을 때 술 없이도 살아갈 수 있는 힘을 얻게 된다.

관계와 회복

「노숙을 경험한 알코올 의존자의 치료공동체를 통한 회복체험 연구」(김선민, 오기철, 강향숙, 2013)에서 관계의 회복은 중요한 회복체험으로 드러나고 있다. 이들은 회복의 과정에서 자신이 '누구'임을 확인시켜 주는 사회적 관계망 안에 재진입하게 됨으로써 자신을 설명할 수 있는 존재로서 경험하고 있었다. 특히 가족과의 만남을 통해 가족 안에서 잃어버린 정체성을 새롭게 하며 관계의 무게를 지탱해 나가는 경험을 하고 있음이 확인되었다.

「알코올 중독으로부터의 회복에 대한 회복개념구성 연구: Q 방법론 적용」(강향숙, 2015)에서는 회복의 주관적 의미 구성의 한 유형으로 '내 자리 찾기형'이 나타났다. 이는 회복 중인 알코올중독자들이 다양한 관계망 속에서 자기 자리를 찾아 그곳에 바로 서는 것을 회복으로 인식하고 있음을 보여 준다.

나와 너의 관계, '나'부터 변하라

회복의 과정에서 알코올중독자와 가족은 관계의 회복을 위한 다양한 노력을 하게 된다. 이들은 자신이 이렇게 열심히 애쓰고 있으니 상대방도 자신만큼 애써 주길 바란다. 하지만 변화의 속도나 방향은 모두 같을 수가 없다. 그 과정에서 자신의 뜻과는 다르게 움직이는 상대를 보며 실망하고 답답해한다. 자신의 의지나 노력만큼 상대방은 따라 주지 않는다는 생각에 화가 나기도 한다. 그리고 이는 결국 너와 나 사이에 갈등을 야기한다.

자기 자신이 아닌 다른 누군가를 변화시키는 것은 불가능하다.

상대를 바꾸려는 노력은 오히려 자신을 힘들게 하고 변화에 대한 동기나 의지를 꺾어 버릴 수 있다.

다른 사람을 바꿀 수 있다는 생각이나 노력을 버릴 때 관계가 회복될 수 있다. 상대를 바라보며 상대에게 기대하는 것도 포기해야 한다. 자신이 할 수 있는 최선을 다하고, 이후의 결과에 대해서는 하늘에 맡길 수 있어야 한다. 그저 자신에게 집중하고 자신을 변화시키기 위해 노력할 때, 언젠가 문득, 이전과는 달라진, 변화된 관계를 경험하게 될 것이다.

'나'의 모습으로 바로 서라

알코올중독자는 타인의 시선에 민감한 삶을 살아왔다. 그 시선에 휘둘리고 얽매이면서 살아왔고, 이는 인간관계의 어려움으로 작용하였다. 그리고 타인의 시선을 민감하게 의식하고 그에 맞추어 살고자 노력하는 시간이 길어질수록 정작 자신의 진실한 모습은 사라져 갔다.

타인의 눈치를 보고 타인에게 맞추기 전에 자신이 어떤 사람이고 무엇을 원하는지를 돌아보아야 한다. 자신에게 집중할 때 타인에 대한 의식은 줄어들 수밖에 없다. 이는 중독의 과정에서 나타나는 자기중심성과는 다른 것으로, 그동안 잃어버린, 또는 버려 두었던 진정한 자기를 찾아가고 자신의 삶을 살아가는 것이다. '나'의 모습으로 바로 설 때, '너'와의 진정한 관계가 시작될 수 있다.

타인의 시선을 의식하며 그들의 기준에 맞추어 살고자 노력한다고 해서 그들이 나를 좋게 봐 주는 것은 아니다. 어차피 그들은 자기가 보고 싶은 대로 보고, 판단할 것이다. 물론 누군가가 나를 어떻게 바라본다고 해서 내가 그런 사람이 되는 것은 아니라는 것을 기억할 필요가 있다. 내 인생은 나의 것이고, 내가 가치를 부여하는 것이며 나의 책임이다.

먼저 나 자신과의 관계를 회복하라

알코올중독자는 중독에서 회복하는 과정에서 다양한 관계와 화해를 시도하고 관계 회복을 위한 노력을 해 나가게 될 것이다. 하지만 그중에서도 가장 먼저 회복해야 하는 관계는 자기 자신과의 관계다. 중독자는 수많은 관계에서 상처를 주고받았지만, 그중에서도 가장 많은 상처를 주었고, 동시에 가장 원망하는 대상은 자기 자신이다. 이들은 자기 자신을 용서할 수 없다.

자기 자신과의 관계가 회복되지 않으면 다른 사람들과의 관계가 회복되기 어렵다. 피해자이자 가해자인 자기 자신을 용서하고 자기 자신에게 보상할 때, 타인과의 관계에서도 용서와 보상이 가능해진다.

06 온전한 회복을 위한 여정

일상의 회복

생활습관을 바꾸라

단주와 회복은 생각이 아니라 실천이다. 그리고 이러한 실천은 일상생활의 모든 순간에서 일어나야 한다. 술을 끊기 위해서는 지금까지 살아온 방식을 모두 바꿔야 한다. '오른손으로 밥을 먹던 사람은 왼손으로 밥을 먹어라.'라는 표현에서 드러나듯이 의식적·무의식적인 모든 삶의 습관과 행동을 바꿔야 한다.

물론 자신이 살아온 삶의 방식 모두가 잘못된 것은 아닐 것이다. 하지만 그러한 삶의 방식으로 살아오면서 술을 마셨기에, 술을 마시지 않기 위해서는 이를 바꿔 가야 한다.

생활습관을 바꾸기 위해서는 자기 삶의 방식, 습관이나 행동이 어떠한가를 알아야 한다. 알지 못하면 바꿀 수가 없다. 무의식적으로 이루어진 행동 중 많은 것이 자신을 다시 술로 이끌 수도 있기 때문이다.

K 씨의 귀갓길

K 씨는 알코올중독으로 병원 치료를 받고 퇴원하여 지역사회의 주간재활프로그램을 이용하면서 단주를 굳게 결심하며 노력하고 있다. 하루도 빠지지 않고 센터에 나가고 있고, 자조모임에도 열심히 참석한다. 센터에서 권유한 대로 예전에 함께 술을 마시던 친구

들의 전화번호를 휴대전화에서 지워 버렸고, 그들의 연락을 피하기 위해 전화번호도 바꿨다. 가족과의 관계 회복을 위한 노력도 하고 있다.

이러한 노력 속에 회복을 지속하고 있던 어느 날 위기는 엉뚱한 곳에서 나타났다. 집에서 한 시간 정도 걸리는 센터를 매일 오가던 어느 무더운 여름날, 피곤한 하루를 마치고 멍한 상태에서 귀가하던 중이었다. 그렇게 무의식적으로 집을 향해 걸어가던 그는 어느 순간 문득 정신을 차려 보니 자신이 편의점에 들어가 냉장고 문을 열어 맥주 캔을 꺼내고 있음을 발견하게 되었다. 그 순간 너무나 놀라 맥주를 다시 던져 버리고 편의점을 박차고 나온 K 씨는 그 편의점이 자신이 단주를 하기 전, 언제나 집에 가는 길에 들러 술을 마시거나 사 들고 가던 익숙한 편의점이었음을 알게 되었다. 오래된 습관이었던 그 길과 편의점은 무더운 여름의 피곤한 몸과 멍한 의식 상태에서 부지불식간에 자연스럽게 습관적인 행동으로 이어진 것이다.

K 씨는 쿵쾅거리는 심장을 부여잡고 바로 방향을 돌려 자조모임에 갔고, 그날의 경험을 나누었다. 이후 다음 날부터 K 씨는 센터를 오가는 길에도 자신에게 익숙한 그 길 대신 조금은 멀지만 낯설고 새로운 길로 다니기 시작했다.

L 씨의 떡과 빵

회복 중인 L 씨는 누군가 떡이나 빵을 권하면 "전 원래 떡을 잘 먹지 않습니다."라고 거절하곤 했다. 그는 떡이나 빵뿐 아니라 과일이나 다른 간식 등도 잘 먹지 않았다. 처음에는 그저 자신의 식성이 그런가 보다 했다. 하지만 어느 순간 그는 자신이 떡이나 빵을 잘 먹지 않는 것이 오랜 세월 동안 술을 마시며 주로 마시는 것만 익숙하고, 씹어 먹어야 하는 것들을 잘 먹지 않던 습관에서 온 것임을 깨달았다. 이를 알고 나서 그는 조금씩 떡이나 빵, 과일 등을 먹으려 노력하기 시작했다. 처음에는 별다른 맛을 느끼지 못했지만 시간이 가면서 조금씩 그 맛도 알게 되었을 뿐 아니라, 그런 간식을 통해 배고픔을 피할 수 있게 되면서 술에 대한 갈망도 줄일 수 있음을 알게 되었다.

성숙한 어른이 되라

알코올중독자는 대부분 어른이다. 하지만 많은 경우 어른으로서의 역할을 하지 못하고 살아왔다. 가장이나 부모로서의 역할을 하지 못하거나, 그 자리를 지키는 경우라 하더라도 어른으로서의 정서적 역할을 충분히 해 주는 데 실패한 경우가 많다. 가장이나 부모가 아니더라도 각각의 생애주기에 맞는 과업이 존재하고 이러한 과업의 달성을 통해 어른으로 성숙하게 되는데, 중독자들은 이러한 과업을 충분히 달성하지 못하는 경우를 종종 볼 수 있다. 특히 금전적, 심리적으로 독립하지 못한 채 의존적인 삶을 살고 있는 경우가 많다. 때문에 중독으로부터의 회복은 이러한 어른으로서의 역할을 회복해 나가는 과정을 포함한다.

하지만 어른이 된다는 것이 쉬운 일은 아니다. 알코올중독자가 아니더라도 건강한 어른으로 살아가지 못하는 경우가 많으며, 어른으로서의 의무를 다하고 책임감을 가지고 살아가는 것은 무겁고 힘든 일이다. 하지만 어린아이가 걸음마를 시작하고 넘어지고 엎어지는 과정에서 다리에 힘이 생겨 뜀박질이 가능해지는 것처럼, 어른이 되어 가는 과정 역시 이를 감당해 나가면서 점점 더 힘이 생겨나고 이를 통해 좀 더 무거운 짐을 감당할 수 있게 된다.

알코올중독자가 단주를 시작하고 회복을 지속해 나가면, 시간이 지날수록 자신이 감당해야 할 일들이 점점 더 많아진다는 것을 느끼게 된다. 자신의 역할과 존재감을 찾아가는 것이 기쁘기도 하지만 다른 한편으로는 술에 취해 이 모든 것을 남에게 떠넘긴 채 회피할 수 있었던 때가 편안하게 느껴지기도 할 것이다. 가끔은 감당해야 하는 모든 것이 너무 무겁고 힘겨워 도망가고 싶어질 때도 있을 것이다.

회복을 한다는 것은 어른이 되어 가는 과정이다. 그리고 제대로 어른이 되어 갈 때 회복이 이루어질 수 있다. 헬스장에서 점점 더 무거운 무게를 감당해 가면서 점점 더 탄탄한 근육을 쌓아 가듯, 삶의 무게를 감당해 나갈수록 어른으로서 더욱 탄탄한 내공이 쌓여 간다.

영성의 회복

사람답게 사는 것이 영성이다

중독이 진행되면서 중독자는 인간이라면 누구나 가지는 영성을 잃어버린다. 영성은 사람이 사람답게 살 수 있는 방향을 제시하고 사람답게 살도록 용기를 준다. 알코올중독으로부터 회복 중인 많은 사례에서, 영성의 힘으로 중독자가 회복되는 경우를 많이 볼 수 있다.

영성은 신앙, 삶의 의미와 목표, 용서, 감사 등을 포함한다. 신앙을 가진 사람은 신앙이 없는 사람과 비교했을 때 보다 긍정적인 회복의 모습을 보이는 경우가 많다. 신앙을 가짐으로써 회복에 대한 희망과 용기를 얻게 된다. 살아가면서 '지금 내가 살아야 하는 의미가 무엇인가?'를 생각하는 삶의 의미 또한 회복에서 중요하다. 고통 속에서도 삶의 의미를 생각하면 마음이 편안해지고 용기를 가질 수 있다.

자기와 다른 사람을 용서함으로써 답답하던 마음이 편안해지고 지금 여기에, 자신이 해야 할 일에 잘 집중하게 된다. 또한 매사에 감사하면서 살면 술에 대한 갈망이 줄어든다. 회복할수록 점점 더 감사할 수 있고, 감사할수록 잘 회복할 수 있다. 감사하면 행복하기 때문이다. 자기를 주시하면서, 신앙, 삶의 의미, 용서, 감사의 마음을 가지면서 사는 것이 영적 성장이다. 현실에서 자기 역할을 다하고 다른 사람에게 예의를 가지고 살아가며, 자기를 꽃피우는 것은 영성의 힘이다. 영성은 자기 내면의 참나를 발견하여 빛내는 것으로, 영성의 힘으로 자기중심성에서 벗어나 타인을 이해하고 사랑할 수 있고 행복한 삶을 살 수 있다.

회복은 결국 영적 성장이다. 일상에서 깨어 살면서, 자기중심적인 삶의 태도에서 벗어나고, 타인을 배려하며 사소한 것에서도 즐거움과 감사를 느끼는 삶을 사는 것이다.

회복은 단순히 알코올중독이 아닌 상태가 되는 것을 뜻하는 것이 아니다. 변화된 삶에서 새로운 목적과 의미 그리고 가치를 찾아 그에 따라 살아가는 것이다. 새로운 삶의 목적과 의미를 찾지 못한다면 더 이상 나아가지 못한 채 그저 잠시 술을 마시지 않은 상태에 머무르게 될 것이다.

회복을 위해 필요한 것

나를 알자

내가 살아온 삶을 되돌아보자

알코올중독은 회복할 수 있는 병이다. 다만, 치료가 가능한 모든 병이 그러하듯 회복을 위한 적절한 치료와 노력이 있을 때 회복이 가능하다.

많은 경우 알코올중독자는 그저 술을 안 먹으려고만 했다. 안 먹어야지, 안 먹어야지 하면서도 또다시 술을 마셔 왔고, 지금 현재의 모습이 되었다. 그 누구도 중독자가 되어 있는 현재의 자기 모습을 계획하며 살아온 사람은 없다. 하지만 언제인지 모를 순간부터 삶의 방향은 틀어졌고, 무엇인가 잘못되었다는 느낌에도 불구하고 그저 살아온 시간 동안 어딘지 모를, 자신이 전혀 꿈꾸어 보지 않왔던 삶의 어느 지점에 다다른 것이다. 지금 자신이 서 있는 이곳이 원했던 곳이 아니라면, 어느 지점에서 잘못된 길에 들어서서 지금까지 살아왔는지 알아야 한다. 이를 위해서는 자신이 현재 어디에 있고, 어느 방향으로 왔으며, 어디서부터 원하지 않던 길로 접어들었는가를 되짚어 봐야 한다. 이를 통해 잘못 접어든 길에서 벗어나 새로운 길을 향해 나아갈 수 있다.

과거를 돌아봐야 하는 또 하나의 이유는 현재의 삶이 과거에 묶여 있기 때문이다. 지금 현재를 가져온 과거 때문에 힘들어하고, 그에 기반한 미래에 대한 불안으로 힘겨워한다. 지금 현재의 감정과 욕구를 알고 충실해야 하는데, 지금 자신이 어떠한 감정이며 무엇을 바라는지에 대해서는 정작 알지 못한다. 과거에 매여 그 과거부터 오랜 시간 습관처럼 느껴 왔던 감정을 여전히 느끼고 있고, 과거에 원했으나 충족되지 못했던 것을 여전히 원하고 있다. 현재에 여전히 생생한 것처럼 느껴지는 감정과 욕구가 실상은 과거의 것이며, 눈을 뜨고 똑바로 바라보면 허상임을 알게 되는 것은 용기가 필요한 과정이다. 외면하려고만 했던 과거를 직면함으로써 이러한 허상으로부터 자유로워질 수 있다.

지금 내 삶이 힘든 이유

알코올중독자인 M 씨는 지금 자신의 삶이 왜 이렇게 되었는가를 깊게 탐색해 보기로 했다. 지금 자신의 모습은 어린 시절 꿈꾸던 모습이 결코 아니었기 때문이다. 누구보다 멋지고 모두가 부러워하는 그런 삶을 꿈꾸었으나 지금은 알코올중독자가 되어 병원에 입원한 신세다. 처음에는 부모를 잘못 만나, 남편 복이 없어서, 세상이 자기 편이 아니어서, 지지리 복이 없어서 그렇다고만 생각했다. 하지만 시간이 지나면서 지금의 자기 모습은 누군가에 의해 떠밀린 것이 아닌, 과거로부터 이어진 자신의 선택과 그 결과였음을 받아들이게 되었다. 그렇다면 어디서부터 잘못된 것일까? 배울 만큼 배웠고, 누구보다 똑똑하다고 스스로 자부했던 그녀였다. M 씨는 자신이 한 선택의 이유들을 곰곰이 생각해 보며 몇 가지 결론을 내렸다.

그녀가 내린 첫 번째 해답은 자신이 감정에 휘둘린 선택을 내려 왔다는 것이다. 알코올중독은 감정의 병이라 배웠지만 자신은 그 누구보다 이성적이라고 생각했다. 하지만 지금 되돌아보면 인생의 중요한 순간, 수치심과 열등감, 두려움, 그리고 그만큼의 욕심에 의해 제대로 된 이성적인 판단을 할 수가 없었다. 결혼을 결정할 때도 그러했다. 자신의 이성은 지금의 남편이 좋은 남편은 아닐 것이라고 경고했었다. 하지만 친구들에게 느꼈던 열등감을 만회할 수 있을 만큼의 화려한 결혼식을 해 줄 수 있는 시부모님의 재력과, 이 남자가 아니면 자신처럼 별 볼 일 없는 사람과 결혼하자고 할 사람이 없을 것이라는 두려움이 결혼을 재촉했었다. 중요한 선택의 순간, 수치심과 열등감, 두려움 등이 얽힌 복잡하고 강렬한 감정은 자신을 향한 칼이 되었다.

두 번째 이유는 자신이 무엇을 원하는지, 자신이 무엇을 좋아하는지 알지 못했기 때문이었다. 자신이 원하는 것과 좋아하는 것을 알았다면 자신을 위한 선택이 가능했을 것이다. 하지만 항상 아버지의 눈치를 보며 살아야 했던 어린 시절, 자신의 욕구와 좋아하는 것에 대해 제대로 생각해 보거나 관심을 기울여 보지 못했다. 아버지가 무엇을 원하는지는 알았을지언정, 자신을 위한 적절한 선택의 기준은 없었다. 자신을 위하는 선택의 기준이 없는 상태에서 자신에게 유익한 선택은 있을 수 없음을 그녀는 다시 한번 깨달았다.

힘든 선택의 마지막 이유는 회피와 의존이었다. M 씨는 현재 자신의 삶이 고통으로부터 벗어나고자 했던 수많은 선택의 결과였음을 알게 되었다. 도망치듯 했던 결혼 역시, 폭력적인 아버지로부터 도망치고 싶었던 결정이었다. 남편에 의지해 보잘것없던 자신의 삶을 화려하게 바꾸어 보고 싶었다. 자신의 행복과 미래를 그 사람에게 맡겼던 것이다. 하지만 여우를 피하다 호랑이를 만난 것처럼, 고통과 삶에 대한 책임을 피해 도망친 곳은 더 큰 고통이었다.

M 씨는 지금 이 상황을 결국 자신이 만들어 온 것임을 인정할 수밖에 없었다. 앞으로의 삶이 지금과 다르기 위해서는 지금까지와는 다른 선택을 해야 한다는 것도 알았다. 그리고 지금이라도 지금까지 잘못 끼워 온 단추를 새롭게 끼움으로써 다른 삶을 살 수 있음에 감사하고자 했다.

나를 있는 그대로 인정하고 받아들이자

자신이 그려 왔던 삶의 모습을 한참이나 이탈한 지금의 상황에서 알코올중독자는 자신의 그런 모습에 원망과 후회가 가득하다. 자신의 과거를 돌아보는 과정에서, 왜 그렇게밖에 살지 못했냐고 자신을 원망하고 싶어 한다.

과거는 지나간 사실이며, 지금의 자신이 그때의 자신이 아님에도 중독자에게 지금의 자신은 여전히 그때의 부끄럽고 후회스러운 자신이며, 부정하고 싶은 모습이다. 하지만 과거를 부정하는 것으로 현재를 바꿀 수는 없다. 오히려 있는 그대로 과거의 사실을 인정하고 받아들일 때, 과거로부터 벗어나고 현재를 바꿀 수 있다. 과거를 있는 그대로 받아들일 때 자유로워질 수 있다. 이는 또한 중독에서 벗어날 수 있는 방법이 된다.

술을 알고, 중독을 알자

술과 중독에 대해 배우자

온몸으로 술을 마셔 왔고, 자신의 삶을 던져 중독을 겪어 온 알코올중독자는 술과 중독에 대해 그 누구보다 잘 안다고 자부한다. 하지만 정작 술이 자기 자신에게 어떤 영향을 미치고 자신을 어떻게 망가뜨리는지, 중독이 과연 자신의 삶을 어떻게 파괴하는지 이들은 정확하게 알지 못한다. 물에 빠져 있는 사람에게는 물이 보이지 않는 것처럼, 이들은 술과 중독에 빠져 술과 중독을 제대로 알지 못하는 것이다.

'지피지기 백전백승(知彼知己 百戰百勝)'이란 말이 있다. 술을 알고, 중독을 알아야 회복할 수 있다. 향정신성 물질로서의 술은 어떠한 작용을 하고, 어떠한 영향을 미치며, 중독은 어떠한 과정으로 진행되어 어떤 결과로 이어지는지를 객관적인 자료와 정보를 통해 이해해 보는 시간을 가져야 한다.

이는 전문병원이나 중독관리통합지원센터 등 중독 관련 기관의 교육이나 프로그램을 통해 가능하며, 술과 중독에 대해 다양한 정보를 제공하는 책 등을 통해서도 배울 수 있다.

자조모임에 참석해 보자

술과 중독을 제대로 알기 위해 자조모임에 참석해 다른 참석자들의 경험담을 들어 보는 것도 좋은 방법이다. 그들이 어떻게 중독을 경험했고, 어떻게 회복하고 있는지 이야기를 들어 보는 것이다. 서로의 모습을 바라보고, 서로의 경험을 나눔으로써 이들은 술이 자신의 몸과 마음과 삶에 어떻게 파고들었고, 중독에 빠져 어떻게 망가져 왔는지 알게 된다. 그 누구보다 치열하게 술과 중독을 겪어 온 이들의 경험담은 서로에게 거울이 되어 자신의 모습을 비추어 준다. 그들의 다양한 모습 속에서 이론이 아닌 수많은 경험으로서의 술과 중독을 배워 갈 수 있다. 이를 통해 자신에게 있어서의 술과 중독에 대해서도 보다 실제적인 이해를 심화시킬 수 있다.

정직하게 고백하자

정직하자

알코올중독으로부터의 회복은 정직에서 출발한다. 자신의 문제를 정직하게 보고, 정직하게 인정할 때 회복이 시작된다. 이때의 정직은 단순히 거짓말을 하지 않는 것을 의미하는 것이 아니다. 자신의 감정, 욕구, 과거, 술 생각 등 자신의 마음을 있는 그대로 받아들이고 인정하는 것이다.

첫째. 감정에 정직해야 한다. 중독자들은 감정을 억압하는 것에 익숙하다. 어린 시절 타인 또는 두려움에 의해 자신의 감정을 표현하지 못하는 상황이 반복되면 이들은 점차 감정을 억누르는 것에 익숙해진다. 인식되거나 표현되지 못하고 억눌린 감정은 왠지 모를 답답함과 무거움만 남긴 채 내면에 쌓여 간다. 그리고 이렇게 쌓여 간 감정의 무게는 결국 삶의 무게가 된다.

마음속 깊은 곳에 숨어 있던 감정은 술을 마신 상태에서 이성을 뚫고 표출된다. 그렇게 감정이 표출될 때, 중독자는 자유와 후련함과 편안함을 느끼고, 이는 다시 술을 마시게 하는 동기가 된다. 하지만 술에 취한 채 분출된 감정은 주변 사람들에게 술주정으로 인식되고, 아무에게도 공감받지 못한 채 또다시 억압된다. 그리고 억압된 만큼 술에 취한 상태에서는 더욱 강력하게 감정을 표출한다.

감정에 정직하다는 것은 자신의 감정을 억누르거나 회피하지 않고, 있는 그대로 인식하고 받아들이는 것이다. 그리고 술에 취하지 않은 상태에서 이러한 감정을 표현할 수 있는 것이다. 이렇게 수용되고 해소된 감정은 더 이상 삶의 무게가 되어 중독자를 힘들게 하지 않을 것이다.

둘째, 욕구에 정직해야 한다. 수치심이 많은 중독자는 자신의 욕구 역시 수치스러워한다. 그러기에 자신의 욕구를 찬찬히 들여다보거나 받아들이지 못하며, 당당히 표현하지도 못한다. 그러면서도 이들은 표현되지 않은, 심지어는 자기 자신도 명확하게 인식하지 못하는 자신의 욕구를 상대가 알아서 채워 주기를 바라는 자기중심적 기대를 가진다. 자기 자신한테조차 외면당한 욕구는 채워지지 않은 채, 중독자의 끊임없는 불평불만의 동력이 되고 있다.

알코올중독자의 욕구는 술에 대해서도 정직하지 못하다. 알코올중독자는 술 생각이 난다. 하지만 이것이 있는 그대로 술에 대한 욕구로 드러나기보다는 다른 욕구로 변형된다. 술이 먹고 싶은데 술이 먹고 싶은 것을 인정할 수 없어 괜스레 가족에게 화를 낸다. 또는 절대 술을 먹고 싶어서가 아니라 그저 만나서 해야 할 중요한 이야기가 있기 때문이라며 자신한테조차 핑계를 대고 술친구에게 전화를 한다. 이 과정에서 술 생각은 감춰진다. 이렇게 감춰진 술 생각에 중독자는 발이 걸려 넘어진다. 술이 술로 보여야 한다. 술에 대한 욕구가 솔직하게 술이 마시고 싶다는 생각으로 떠오를 때 오히려 술을 안 마실 수 있다.

셋째, 과거에 정직해야 한다. 알코올중독자는 부끄러운 과거는 덮고, 자랑하고 싶은 몇몇 기억만을 이야기하며 자신을 감추려고 한다. 자랑스럽든, 부끄럽든 모두 자신의 모습이다. 거짓으로 꾸미고 숨겨 놓은 자기 모습은 스스로에 대한 수치심과 죄책감으로 다시 자신에게 돌아오고, 이런 자신을 감추기 위해 술이 필요하다.

자신의 삶에서 부끄러운 기억들을 생생하게 기억해야 한다. 술로 인해 안 좋았던 기억은 잊고, 좋은 기억만 떠오를 때 다시 술을 마시게 된다. 술로 인해 부끄럽고 당황스러웠던 기억들이 생생할수록 술을 마시지 않을 수 있다.

고백하자

비밀은 고통이다. 비밀을 가질수록 술을 마실 수밖에 없다. 비밀은 어린 시절의 두려움과 상처로 생겨나며 비밀의 고통을 잊기 위해 술을 마신다. 여기에서 벗어날 수 있는 방법은 비밀을 정직하게 고백하는 것이다. 고백하면 자유로워진다.

회복의 과정에서는 자신의 이야기를 많이 하는 것이 좋다. 똑같은 이야기가 되풀이되어도 이러한 반복적인 고백을 통해 자신이 자유로워질 수 있고, 변화될 수 있다.

지금까지는 나를 감추고 가짜의 나로서 살아왔다면, 이제부터는 온전히 나로 살아가야 한다. 그럴 수 있는 방법은 자기를 있는 그대로 드러내는 것이다. 자기 스스로가 만든 감옥에서 벗어나 자유롭게 사는 것이다. 자신을 감추고 가두느라 허비했던 에너지를 자신을 사랑하는 데 쓰며 사는 것이다.

정직하되 분별하자

회복을 위해서는 정직해야 한다. 언제, 어디서나 정직해야 한다. 하지만 정직이라는 것이 모든 것을 언제, 어디서나 모두 드러내야 한다는 뜻은 아니다. 때와 장소를 가릴 수 있어야 하고, 무엇보다 누구에게도 피해를 주지 않아야 한다.

따라서 정직에도 분별이 필요하다. 누군가에게 또는 자기 자신에게 피해가 되지 않는 경우에 있는 그대로 고백해야 한다. 자신이 알코올중독자임을 밝히는 것도 마찬가지다. 자신이 중독자임을 숨길 필요는 없다. 하지만 자신이 중독자임을 밝히는 것이 누군가나 자기 자신에게 피해가 되는 상황에서는 굳이 먼저 나서서 중독자임을 밝힐 필요는 없다.

나는 알코올중독자입니다

N 씨는 단주를 시작하며 단주 선배들로부터 정직해야 회복될 수 있다는 이야기를 들었다. 특히 자신이 알코올중독자임을 인정해야 회복될 수 있다는 생각에 회사에 자신이 알코올중독자임을 '정직하게' 고백하기로 하였다. 사실 자신의 단주를 자랑하고 인정받고 싶은 마음도 없지 않았다.

어느 날, 회사 회식이 있던 날이었다. 꽤 많은 직장 동료가 모여 있는 자리에서 N 씨는 기회를 보아 자신이 알코올중독자이며, 앞으로는 절대 술을 마시지 않을 것이라고 말했다. 그러자 대부분의 사람은 뜬금없이 왜 그런 말을 하는지 의아하다는 얼굴로 별다른 반응을 보이지 않았고 그저 자신들의 식사를 이어 갔다. 그들은 술을 많이 마시지 않을 뿐 아니라 서로에게 술을 강요하지 않고 식사를 마치면 귀가하던 사람들이었다. N 씨는 그들의 대응에 조금은 당황스러웠다.

하지만 더 당황스러운 상황은 그다음에 이어졌다. 예전에 N 씨가 술을 마실 당시 항상 어울려 술을 마시고, 회식 후에 2차, 3차까지 이어 갔던 강 부장과 이 과장 등 몇몇이 술병을 들고 N 씨 옆으로 다가왔다. 그러고는 "중독은 무슨 중독이냐"며 계속해서 술잔을 채워 주고 마시기를 강요하기 시작했다. 자신은 알코올중독이며 술을 마시지 않을 것임을 아무리 설명하려 해도 그들의 태도는 점점 더 집요해졌다. 이들은 마치 N 씨가 알코올중독임을 인정하게 되면, 자신들도 중독자이고 술을 끊어야 함을 인정하는 것이 된다고 생각하는 것 같았다. 이들의 술 강요에 말싸움까지 하며 거부하던 N 씨는 순간 짜증이 치솟으며 거의 술을 마실 뻔했다. 그러면서 자신이 알코올중독자임을 '정직하게' 밝히고자 했던 결정이 과연 분별 있는 정직이었나를 고민하게 되었다.

12단계를 실천하자

12단계는 영적 프로그램이다. 영적 프로그램은 이성적으로 분석하고 판단하는 것이 아니라 믿고 따를 것인가 아닌가를 선택해서 본인이 실천하는 것이다. 12단계 프로그램을 실천하는 방법은 절대적으로 옳은 하나의 방법이 있는 것이 아니다. 각 개인이 자신이 해석한 대로, 자신만의 방법대로 자유롭게 해 나가는 것이다.

중요한 것은 12단계는 실천이라는 것이다. 머리로 다 알고, 입으로 모두 말할 수 있어도, 실천하지 않는다면 아무런 소용이 없다. 이는 일상의 삶에 녹아 있는 수행 방법으로 평생에 걸쳐 꾸준히 이루어야 하는 실천이다.

1단계
'우리는 알코올에 무력했으며, 우리의 삶을 수습할 수 없게 되었음을 시인했다'

1단계는 자신의 삶을 정직하게 되돌아보고, 건강하게 살아가는 타인의 견해와 경험을 수용하는 과정을 통해 신체적, 정신적으로 감당할 수 없었음을 알고 시인하는 과정이다. 중독자는 과거의 삶에서 스스로 해결하려고 끊임없이 되풀이해 노력하였으나 결코 성공하지 못했던 것이 있었다. 반복해서 노력해 왔으나 번번이 좌절하곤 했던 것이 무엇인가? 강박적으로 집착하는 것이 무엇인가? 누구나 이러한 대상이나 문제가 있다. 그리고 알코올중독자의 경우 일차적으로 그 대상은 술이 된다.

자신이 되풀이해 해결하고자 했던 문제나 대상이 무엇인지, 그리고 이를 해결하기 위해 어떠한 방법들을 썼고, 그 결과가 어떠했는지를 솔직하고 이성적으로 살펴본다. 또한 일상생활에서는 어떠한 문제들이 있었는지, 그 결과는 어떠했는지를 살펴본다. 그리고 결과적으로 자신이 무엇에 무력했는지를 생각해 보는 과정이 1단계다.

1단계의 핵심은 시인이다. 하지만 문제를 시인하는 것은 그리 쉽지 않다. 특히 중독자는 자신의 문제를 부정한다. 자기 문제를 부정하는 사람이 자신의 술 문제를 시인하고 인정하는 것은 쉽지 않다.

알코올중독자는 술과의 싸움으로 자신의 삶을 스스로 수습할 수 없는 상태에까지 다다랐다. 이들은 대개 자신은 술만 문제지 그 외의 삶은 잘 살아왔다고 생각하지만, 실상 이들의 삶은 온전한 삶은 아니었다. 스스로 자신의 삶이 온전하지 않았음을 시인할 수 있어야 한다. 이를 위해 자신의 삶을 정직하게 되돌아볼 필요가 있다.

2단계
'우리보다 위대한 힘이 우리를 본정신으로 돌아오게 해 주실 수 있음을 믿게 되었다'

2단계의 핵심은 본정신이다. 그렇다면 무엇이 본정신인가? 본정신은 자신의 힘으로는 할 수 없다는 것을 인정하고 항복하는 것이다. 자신이 알코올에 무력하고 삶을 제대로 못 살았다는 것을 아는 것이 본정신이다.

이러한 본정신은 어떻게 갖는 것인가. 본정신은 자신이 노력해서 얻을 수 있는 것이 아니다. 자신이 무력함을 인정하고 항복하게 인도하는 것은 신의 힘이다. 신의 도움으로 본정신을 찾고, 그 신을 믿고 이 프로그램을 따라가면 회복이 될 것이라고 믿는 것이 2단계다.

중독은 영적인 병이다. 영적인 병이란 신과의 관계가 끊어진 것이다. 인간은 누구에게나 영성이 존재하며, 누구라도 신을 찾게 된다. 큰 바위나 큰 나무만 봐도 그 안에 깃든 신의 섭리를 느끼고 경건해지는 것이 인간의 영성이다. 하지만 중독자의 자기중심성은 자신 외에는 아무도 믿지 않는 상태에서 신과의 관계를 단절시키고 내면의 영성을 외면하게 한다.

12단계에서의 신은 각자 자신이 이해하게 된 대로의 신이다. 어느 종교의 신이 될 수도 있고, 자연의 섭리가 될 수도 있으며, AA 모임이 될 수도 있다. 자신이 느끼고 의지하는 영적인 것은 무엇이든 신이 될 수 있다. 12단계에서 이야기하는 신을 종교에서의 신과 혼동하지 않아야 한다.

3단계
'우리가 이해하게 된 대로 그 신의 돌보심에 우리의 의지와 생명을 맡기기로 결정했다'

자신이 알코올중독자임도 인정했고, 자신의 본정신이 돌아오게 한 것도 신이 해 준 것임을 믿었다. 3단계는 이러한 자신의 자기중심적 성향을 신께 맡기기로 결정하는 것이다. 그동안은 자신이 맡았던 신의 역할을 내려놓고, 자신이 할 수 있는 것과 신의 역할을 구분하여 인간의 자리로 되돌아오는 것이 3단계다. 그동안은 자기가 잘났다고 자기 고집대로, 자기 힘으로 살았지만, 이제는 자신이 할 수 있다는 환상에서 벗어나 자신의 의지나 목숨까지 맡기겠다, 알아서 해 달라고 하는 것이 3단계다. 여기서는 맡기겠다는 '결정'이 핵심이다.

하지만 자신이 노력해야 하는 것과 맡겨야 하는 것은 구분해야 한다. 어쩔 수 없는 것은 받아들여야 하고, 어쩔 수 있는 것은 바꾸는 용기를 가져야 한다. 이를 구별할 수 있는 지혜가 필요한 것처럼 우리가 맡겨야 할 것과, 우리가 노력해야 할 것을 잘 구별해야 한다. 회복의 과정에서 성장하다 보면 이를 구별할 수 있는 지혜도 늘어간다.

3단계에서 맡기기로 결정했다고 해서 일관성 있게 평생 맡겨지는 것은 아니다. 맡겼다가 맡기지 못했다가 하는, 오락가락하는 모습을 보이게 된다. 이 또한 맡기면 된다.

4단계
'철저하고 두려움 없이 우리 자신에 대한 도덕적 검토를 했다'

문제 해결의 시작은 자신의 문제가 무엇인지에 대하여 정확히 아는 것이다. 자신이 수습할 수 없었던 삶의 모습이 어떠했는지 살펴보는 것이 필요하다. 숨겨져 있는 도덕적 잘못으로 인한 죄책감과 수치감은 지금 현재의 삶에 영향을 주고 술을 먹을 수밖에 없도록 끌고 간다. 여기에서 벗어나기 위해 지나온 삶을 되돌아보고, 자신의 도덕적 잘못들을 구체적으로 되짚어 봄으로써 변화를 시작할 수 있다.

'철저하게'라는 말은 자신의 잘못에 대하여 막연하고 두루뭉술하게가 아닌 구체적이고 솔직하게 검토해야 함을 의미한다. 이를 위해 자신의 잘못에 대한 목록을 만들고 검토하는 과정이 필요하다. 언제, 어디서, 누구에게, 어떻게 하였는지에 대한 세세한 정리가 필요하다. 이렇게 꼼꼼한 탐색의 과정 없이 자기 안에 있는 도덕적 잘못들은 쉽게 드러나지 않는다.

하지만 자신의 도덕적 잘못을 직면하는 것은 쉬운 일이 아니다. 자신의 도덕적 문제를 검토하는 것은 두렵다. 그럼에도 1단계에서 3단계까지의 과정을 통해 자신의 의지와 목숨까지 신에게 맡기기로 한 이상, 신을 믿고 신의 돌보심에 자신을 맡긴다면 '두려움 없이' 철저한 검토를 할 수 있을 것이다.

5단계
'우리 잘못의 정확한 본질을 신과 자신에게 그리고 다른 누군가에게 고백했다'

5단계는 4단계에서 검토한 내용에 기초하여 자신의 이야기를 정직하게 고백하는 단계다. 자신의 이야기를 고백함으로써 두려움에서 서서히 벗어나 자신을 있는 그대로 받아들일 수 있게 된다.

하지만 이러한 고백이 결코 쉬운 일은 아니다. 누구나 다른 사람에게 자신을 괜찮은 사람으로 보이고 싶어 하며, 그러기에 정직하기란 쉽지 않다. 그래서 고백의 시작은 비교적 가벼운 잘못에서부터 시작하는 경우가 많다. 하지만 자신의 모습을 정직하게 고백하는 용기를 냄으로써 서서히 수치심으로부터 자유로워지는 자신을 경험하게 된다. 그리고 점차 더 깊은 곳에 감춰 두었던 잘못을 고백하게 된다.

'정확한 본질'은 겉으로 드러난 행동이 아니라 그러한 행동을 만들어 내는 내면의 무의식적 원인을 의미한다. 고백을 할 때는 단순히 자신이 어떤 행동을 했다는 것에 대해서만이 아니라 그러한 행동이 왜 일어났는지에 대한 것까지 이야기할 수 있어야 한다. 이러한 본질에 대한 알아차림은 자기 잘못에 대한 고백의 과정에서 발견하게 된다. 고백을 하다 보면 자기 행동의 본질을 알아차리게 된다. 왜 그런 행동을 했는지에 대한 숨은 목적과 숨은 이유를 발견하게 된다. 처음에는 정확한 본질을 알기 어렵다. 하지만 계속되는 검토와 고백을 통해 자기 잘못의 본질을 찾게 된다.

6단계
'신께서 이러한 모든 성격상 결점을 제거해 주시도록 완전히 준비했다'

4단계에서 자신에 대한 철저하고 두려움 없는 도덕적 평가를 진행했다면 6단계에서는 이렇게 도덕적으로 타락한 삶을 살 수밖에 없도록 만든 자신의 성격적 결함을 살펴보고 이를 변화시켜 나가기 위한 준비를 하게 된다. 성격적 결함이 없는 완벽한 사람은 아무도 없다. 자신의 성격적 결함을 나열해 보라. 성격적 결함에는 성급함, 자기중심성, 강한 자존심, 교만, 탐욕, 질투, 정직하지 못함, 슬픔과 우울, 분노, 미움, 공격성, 간사함, 교활함, 비열함 등이 있을 것이다. 자신에게 어떠한 성격적 결함이 있고, 이러한 성격적 결함으로 인해서 어떠한 행동을 하게 되었으며, 그 결과는 어떠했는지를 구체적으로 탐색하여 글로 작성한다. 하지만 성격적 결함은 자기 자신이 고치기가 어렵다. 때문에 이를 신께서 제거해 주시기를 기도하게 된다.

이 단계를 통해 자신의 성격과 가치 기준을 스스로 점검해 보고, 이러한 자신의 가치 기준을 타인에게 강요했던 자기중심성을 알아 가게 된다. 이러한 과정 속에서 자기중심성을 가진 어린아이에서 어른이 되어 가는 성장을 준비하게 된다. 이렇게 최선을 다해 자신의 성격적 결함을 고치려는 태도를 통해 조금씩 자신의 문제를 개선하고, 성장해 갈 수 있다.

7단계
'겸손하게 신께서 우리의 단점을 고쳐 주시도록 간청했다'

7단계에서는 6단계의 탐색을 통해 발견하고 인정한 성격적 결함에 대하여 신께 이를 고쳐 주십사 도움을 요청하게 된다. 자신의 성격적 결함을 고치는 것은 힘들다. 자신의 힘으로는 되지 않음을 느끼게 될 것이다. 때문에 겸손하게 신께 간청하게 되는 것이다. 겸손해지는 것은 쉽고 간단하다. 자기 자신에게 정직하면 일부러 겸손해지려고 노력할 필요가 없다. 저절로 겸손해진다. 1단계에서 6단계까지의 과정을 정직하고 구체적으로 수행해 오는 과정에서 절로 겸손함을 느낄 수밖에 없다. 자신의 성격적 결함조차 자신의 힘이나 능력으로는 고칠 수 없음을 알게 되고, 이를 신께서 고쳐 주시기를 간청할 수밖에 없다.

이러한 7단계는 어린아이의 삶에서 성숙한 어른으로 성장해 나가는 과정이며, 신에 대한 간청과 신의 도움을 통해 자유와 변화를 알게 되는 단계다.

8단계
'우리가 해를 끼친 모든 사람의 명단을 만들어서, 그들 모두에게 기꺼이 보상할 마음을 먹게 되었다'

8단계와 9단계는 용서와 대인관계에 관련된 것이다. 8단계와 9단계를 제대로 해야 나중에 외롭지 않은 삶을 살 수 있다. 자신이 상처를 준 사람의 명단을 작성하는 것은 타인과 신으로부터의 고립을 벗어나는 출발점이 된다. 이러한 과정을 통해 화합과 유대가 이루어질 수 있다.

해를 끼친 것에 대해 생각해야 할 첫 번째 대상은 자기 자신이다. 제일 먼저 자기 자신에게 끼친 잘못을 찾고 자신을 용서해야 한다. 그리고 난 후 타인에게 용서를 구하고 보상을 하는 과정이 필요하다.

이러한 과정은 한꺼번에 이루어지지 않는다. 조금씩 천천히 해야 한다. 언제, 어디서, 누구에게, 무엇을, 어떻게 피해를 주었는가에 대해 구체적인 명단을 작성해 보는 것이 좋다. 사람들은 흔히 자신이 인식하지 못하는 사이에 피해를 주기도 하고, 피해를 주고 나서 그 사실을 잊기도 한다. 때문에 가까운 사람에게 자신이 무엇을 잘못했는지를, 자신이 알지 못하고 기억하지 못하는 상대의 아픔을 물어볼 필요가 있다. 다만, 상대가 이에 대한 비난을 쏟아 낸다 하더라도 감당할 준비가 되어 있을 때 물어보는 것이 좋다.

9단계
'어느 누구에게도 해가 되지 않는 한 할 수 있는 데까지 어디서나 그들에게 직접 보상했다'

회복의 과정에서는 누구나 과거의 행동에 대한 결과를 수용하고 이에 대해 책임지는 과정이 필요하다. 9단계는 이러한 보상의 단계다. 8단계에서 작성한 명단을 바탕으로 자신이 할 수 있는 한 보상을 실천하며, 용서하고 용서받는 과정이 9단계다.

하지만 회복이 얼마 되지 않은 상태에서 보상을 하면 자칫 감정적인 상처를 입을 수도 있다. 그리고 이러한 상처로 인해 보상하는 것을 포기하게 되기도 한다. 보상을 하고 용서를 구할 때 상대가 이를 당연히 받아 줄 거라는 기대는 하지 않는 것이 좋다. 자신을 용서하든 용서하지 않든 이는 상대의 선택이며 자신은 그저 진심으로 보상을 위해 노력할 뿐이다.

또한 성급하고 자기중심적인 보상은 타인에게 또 다른 피해를 줄 수 있다. 따라서 보상은 신중하게 이루어져야 한다. 쉽고 가볍게 생각하거나 자신의 만족을 위해 성급한 보상을 계획하기보다는 천천히 그리고 확실하게 보상하기 위한 노력을 해야 한다. 이러한 보상과 사과에도 기술이 필요하다. 금전적인 보상이 이루어져야 하는 경우라 하더라도 돈의 액수 자체보다는 진심 어린 사과가 필요하다. 이러한 진심 어린 사과를 하기 위해서는 정말 반성을 했고, 진심으로 사과할 마음의 준비가 되었을 때 해야 한다.

보상의 대상을 찾을 수 없거나 대상이 없어져서 직접 보상이 가능하지 않은 경우도 있을 수 있다. 이런 경우라면 대안을 찾아 보상하는 방법도 있다. 그만큼 기부를 하거나, 그 자손에게 보상하는 것도 대안이다. 때로는 봉사를 통해 보상을 할 수도 있다.

보상은 상대방을 위해서 하는 것이 아니라 자기 자신을 위해서 하는 것임을 기억해야 한다. 이러한 과정을 계속해 나가다 보면 자신이 뿌듯하고 행복해지는 것을 경험할 수 있을 것이다.

자신의 보상이 자기 자신과 상대방 그리고 제3자 모두에게 피해를 주지 않는 방법으로 이루어져야 한다는 것 또한 기억해야 한다. 보상을 할 때 상대를 배려하고 생각하면서 실천해야 2차 피해를 막을 수 있다.

진심으로 이루어진 보상을 통해 대인관계와 신과의 관계 회복을 위한 출발이 이루어진다. 하지만 자신 또는 타인에게 해가 되는, 잘못 이루어진 9단계는 오히려 관계를 더 망가뜨리기도 한다. '누구에게도 해가 되지 않는' 보상을 함으로써 과거로부터 벗어나 현재를 살 수 있는 자유로움을 얻게 될 것이다.

10단계
'인격적인 검토를 계속하여 잘못이 있을 때마다 즉시 시인했다'

1단계에서 9단계까지의 실천을 통해 과거의 개인적인 문제들과 대인관계에서의 문제들을 해결해 왔다. 하지만 이것은 끝이 아닌 새로운 시작이다. 누구나 삶을 살아가면서 끊임없이 새로운 문제들을 만나고 새로운 잘못을 저지르게 된다. 때문에 회복을 유지하고 건강한 삶을 성장시켜 나가기 위해서 매일매일 꾸준히 자신의 인격적인 문제들을 검토하고 개선해 나가는 지속적인 노력이 필요하다. 자신이 무슨 생각을 하고, 어떠한 감정을 갖는지, 어떤 행동을 하는지 알아차리기 위해 매일매일 자신을 점검해야 한다. 그리고 이러한 점검을 통해 알아차린 자신의 잘못에 대해 즉시 시인하는 시간을 가져야 한다. 하루해를 넘기기 전에 자신을 검토하고 고백하는 것, 이는 영적 성장을 위한 시간이 된다.

일기를 쓰는 것은 인격적인 검토를 계속하는 하나의 방법이다. 하루의 일을 생각하고 돌아보며 자신의 잘못을 검토하고 시인하고 고치게 해 준다.

11단계
'기도와 명상을 통해서 우리가 이해하게 된 대로의 신과 의식적인 접촉을 증진하려고 노력했다. 그리고 우리를 위한 그의 뜻만을 알도록 해 주시며, 그것을 이해할 수 있는 힘을 주시도록 간청했다'

매일 일정한 시간을 정해 일정한 장소에서 모든 것을 멈추고 조용히, 그리고 의식적으로 자기 내면의 소리를 듣고 신과의 만남을 추구하는 것이 11단계다. 이 단계는 '의식적'으로 해야 한다.

우리는 신의 뜻을 모른다. 자기 뜻이 아닌 신이 자신에게 하시는 말을 듣기 위해서는 기도와 명상이 필요하다. 기상 후 아침 시간이든 조용한 저녁 시간이든 자기를 넘어서서 신의 뜻을 알기 위한 시간을 갖는 것이 필요하다.

12단계
'이런 단계들의 결과로 우리는 영적으로 각성되었고, 알코올 중독자들에게 이 메시지를 전하려고 노력했으며 우리 일상의 모든 면에서 이러한 원칙을 실천하려고 했다'

1~11단계까지 실천하면서 경험한 변화와 성장을 나누는 것이 12단계다. 자신이 받은 것을 나누고 베풀지 않으면 성장하지 못한다. 자신과 같은 아픔을 겪거나 도움이 필요한 곳을 찾아 자신이 받은 도움과 감사를 나누는 것은 영적인 회복을 위한 양식이 된다. 이러한 감사와 봉사를 바탕으로 영적인 성장이 이루어질 수 있는 것이다.

메시지를 전하고자 할 때 기억할 것은 자신의 경험과 실천에 대해서만 전하고 남의 것에 대해서는 말하지 않는 것이다. 자신의 삶 속에서 12단계 프로그램을 실천하며 느끼고 경험한 것을 함께 나누면 되는 것이다. 물론 가장 큰 메시지는 술을 마시지 않고 건강하게 살아가는 모습 그 자체다.

마음챙김과 자비수행을 실천하자

중독과 마음챙김

중독자는 자신의 진짜 마음을 잘 알지 못한다. 자신의 내면에서 들려오는 목소리를 듣기보다는 순간순간 일어나는 갈망이나 충동에 휩쓸리고, 이로 인한 부정적 생각과 감정의 파도에 휘말려 중독과 같은 자기파괴적인 행동으로 이어진다. 이러한 행동의 결과는 불행한 삶이다. 하지만 자신의 순간적인 갈망과 감정 등을 있는 그대로 바라볼 수 있다면 자신을 해롭게 하는 갈망이나 감정이 일시적 파도일 뿐이며 곧 지나갈 것이라는 것을 알 수 있다.

마음챙김은 자기를 떨쳐 놓고 보는 것으로서, 생각하는 것이 아닌, 그냥 순수하게 자기의 몸과 마음을 바라보는 것이다. 자신의 내면에서 일어나는 수치심, 두려움, 죄책감, 우울, 불안과 같은 모든 감정을 있는 그대로 바라보고 수용하는 것이다. 술을 끊는 과정에서 마음챙김을 통해 자기에게 일어나는 마음을 지속적으로 주시하면서 자기의 감정과 갈망을 수용하고 조절할 수 있다면 회복을 유지하는 데 도움이 된다. 이는 가족 역시 마찬가지이다. 일상에서 자기감정이나 욕구를 잘 주시하면 마음이 안정되면서 중독자의 행동에 일희일비하며 휘둘리지 않고 차분하게 잘 대처할 수 있다.

마음챙김이 처음부터 잘 되지는 않을 것이다. 감정이 널을 뛰고 생각은 뒤죽박죽인 단주 초기 중독자에게 고요하게 자신의 마음을 들여다보는 것은 쉽지 않다. 이럴 때 명상이 어렵다면 호흡을 알아차리는 것부터 시작해 차분히 앉아 있는 시간을 3분, 10분이라도 조금씩 늘려 가며 꾸준히 해 보자. 빨리 효과를 보고자 하는 조급한 마음을 버리자. 이렇게 꾸준히 마음챙김을 지속하면 점차적으로 자기 행동이나 마음의 변화를 알아차리게 되어 갈망을 잘 조절하고 대인관계가 편해진다. 마음챙김을 하면, 지금까지 자동적으로 이끌려 오던 행동을 하기보다는 상황에 맞는 올바른 행동을 선택할 수 있다. 즐거운 일을 하거나 기쁨을 느낄 때도 그런 자기의 감정과 행동을 지켜봄으로써 감정에 휩싸이거나 집착하지 않게 된다. 즐거운 경험이든, 고통스러운 경험이든 그것을 있는 그대로 주시함으로써 마음이 안정되어 회복을 잘 유지하게 된다.

마음챙김의 종류와 방법

회복의 과정에서 실천할 수 있는 마음챙김에는 호흡 마음챙김, 걷기 마음챙김, 몸 마음챙김, 행위 마음챙김, 감정에 대한 마음챙김, 갈망에 대한 마음챙김, 일상에서의 마음챙김 등이 있다.

호흡 마음챙김은 숨이 들어오고 나가는 것을 알아차리는 것으로 조용한 곳에 바른 자세로 앉아 지금 오직 호흡에만 집중하는 것이다. 걷기 마음챙김은 몸에 힘을 빼고 천천히 걸으면서 발바닥의 느낌을 알아차리며 오직 걷는 것에만 집중한다. 몸 마음챙김은 지금 자기 몸에서 어떤 느낌이 일어나는지 알아차린다. 몸의 감각에 대한 마음챙김은 중독으로부터 회복되면서 자신의 신체에 대한 감각을 새롭게 느끼고 소중히 다루는 것으로 건강한 삶을 살기 위해 필요한 것이다. 긴장을 풀고 누워 정수리부터 발끝까지 지금 자기 몸이 긴장하고 있는지, 차가움을 느끼는지, 따스함을 느끼는지, 통증이 있는지 등의 감각을 알아차린다.

행위 마음챙김은 일상에서 생활하면서 지금 자신이 무엇을 하는지를 알아차리는 것이다. 앉아 있으면 '앉아 있다'는 것을 알아차리고, 서 있으면 '서 있다'는 것을 분명히 알아차린다. 감정에 대한 마음챙김은 자신에게 일어나는 감정을 알아차리는 것이다. 지금 자기 마음에서 일어났다가 사라지는 감정을 알아차리는 것은 그 감정에 휩싸이지 않게 하며, 감정을 잘 관리할 수 있게 한다. 부정적 감정이 일어날 때, 알아차리고 수용하면 부정적 감정이 악화되는 것을 막을 수 있고, 마음의 평정을 되찾을 수 있으며 지금 여기에 잘 적응할 수 있다. 갈망에 대한 마음챙김은 회복 중인 중독자가 지금 자기 마음 안에서 일어나는 갈망을 잘 주시하는 것으로 갈망이 일어났을 때 '갈망이 일어나네!'라고 알아차리면서 받아들이는 것이다. 이를 통해 갈망의 힘이 사라지고 마음이 편안해지고 갈망을 조절할 수 있다.

회복을 잘 유지하기 위해서는 일상에서 마음챙김이 지속되어야 한다. 가정이나 직장 혹은 어느 곳에서든지, 지금 여기에서 깨어 있도록 노력한다. 일하면서, 식사하면서, 산책하면서, 혹은 다른 사람과 대화를 하면서도 자기의 몸과 감정, 행동에 깨어 있어야 한다. 대화할 때는 대화에 깨어 집중하고, 밥을 먹을 때는 밥을 먹는 것에 깨어 알아차리는 것이 일상에서의 마음챙김이다.

자비수행을 실천하자

자비수행은 자기 마음을 긍정적 에너지로 따스하게 하여 세상의 모든 존재가 고통이 없고 행복하기를 바라는 것이다. 이는 중독자의 회복 유지에 도움이 되는데, 특히 회복 초기의 중독자에게 효과가 있다. 자비수행은 자기로부터 시작하여 부모나 스승 등 가까운 사람, 중립적인 사람, 나에게 상처를 준 사람, 그리고 살아 있는 모든 존재를 대상으로 할 수 있다. 자기를 사랑할 수 있어야 타인도 사랑하기 쉽다.

자리에 앉아서 눈을 감고 '자비, 자비, 자비' 등으로 되뇌면서 마음을 자비로 가득 채운다. 그런 다음 행복감으로 가득 찬 자신의 환한 얼굴을 그리면서 자비 문구를 암송해서 투사해 보낸다. 먼저 자기자비를 한 다음, 타인에 대해 자비수행을 한다. 자기자비의 예는 다음과 같다.

"내가 건강하기를."

"내가 회복하기를."

"내가 바라는 바가 이루어지기를."

회복 중인 중독자는 마음챙김으로 자존감을 향상시키면서 자비명상을 통해서 집단과 이웃에 대한 이타심을 높일 수 있다. 마음챙김과 자비수행은 중독자의 심신 상태나 상황에 따라서 다양한 방법으로 융통성 있게 실시할 수 있다.

삶을 새롭게 마주하자

삶의 의미와 목적을 찾아보자

그동안의 삶은 술만 쫓으며 살던 삶이었다. 어느 날부터인가는 왜 쫓는지도 모르고 그저 습관처럼 술을 찾았다. 그리고 술을 제외한 모든 것은 의미를 잃었다. 삶이 아무런 의미도 없었기에 그 자리를 온통 차지하고 있던 술을 더 내려놓기 힘들었다. 아무것도 없는 것보다는 자신을 아프게 하는 것이라도 붙잡고 있는 것이 마음 편했을지 모른다. 그렇게 이제는 기억도 나지 않는 첫 술잔의 의미를 다시 되찾아 보려 반복되는 술의 배신을 참아 왔다. 공허한 삶이었다.

하지만 이제 술을 끊기로 했다. 그나마 붙잡고 있던 술이 사라지고, 이젠 정말 더 이상 아무런 의미도 없는 공백이 되었다. 왜 살아야 하는지, 어떻게 살아야 하는지 알 수가 없다. 의미를 모르는 삶은 공허하고 지루하다. 앞으로 나아갈 추진력도 이유도 없기에 제자리를 빙글거리며 돈다.

이제는 삶의 새로운 의미와 목적을 찾아야 한다. 회복을 하면서 자신이 왜 살아야 하는지, 어디로 나아가야 하는지를 스스로 만들어 가야 한다. 다른 누군가를 위한 삶일 수도 있고, 봉사가 될 수도 있다. 때로는 술에 취해 있던 시간 문득 떠오른 어떤 것이 술을 끊어야 할 이유가 되었을 것이다. 그리고 이는 더 이상 술이 없는 시간의 새로운 삶의 의미나 목적이 되기도 한다. 자신을 바라보는 자녀의 눈빛일 수도 있고, 잊고 있던 어린 시절 꿈일 수도 있다. 존중

받지 못한 한 인간으로서의 자신의 존엄일 수도 있다. 무엇이든 술을 끊어야 했던 이유는 술 없이 살아가는 의미와 목적이 될 수 있을 것이다. 하지만 의미와 목적을 찾는 것이 다시 거기에 매이는 것이 되어서는 안 된다. 술에서 벗어나 돈에 매달리거나, 사람에게 집착하거나 하는 것은 조심해야 한다. 또 다른 대상의 노예가 될 뿐이다.

한 가지 기억할 것은 삶의 의미가 그렇게 거창하고 화려한 것은 아닐 수도 있다는 것이다. 술을 마시던 당시 중독자는 뭔가 엄청난 가치를 가지고 커다란 즐거움을 주는 멋진 삶을 살아야 한다고 기대하기도 하였다. 화려한 프랑스 요리가 차려진 만찬과 같이 삶은 그렇게 특별해야 한다고 생각했을지 모른다. 그리고 그것이 충족되지 않을 때 이를 비관하며 술을 마시곤 하였다.

멋진 삶에 대한 막연한 기대는 단주를 시작하고 나서도 쉽게 사라지지 않는다. 하지만 술에 취해 느꼈던 짧은 순간의 쾌락마저 사라진 삶은 기대처럼 화려하고 특별하기보다는 오히려 무료하고 심드렁하게 느껴질 수도 있다. SNS나 미디어 속의 화려하고 멋지게 살아가는 듯 보이는 사람들과 자신의 일상을 자랑하는 주변 사람들을 보며, 남들은 다 누리는(?) 황홀한 삶의 즐거움을 자신만 빼앗긴 채 이렇게 무미건조하게 살아가는 것은 아닌가 하는 억울함마저 느낄 때도 있다. 하지만 삶은 화려한 프랑스 요리처럼 화려하게 차려진 만찬이 아니라 가정식 백반에 가깝다. 그리 짜지도 맵지도 않은, 재료가 주는 자연 그대로의 소박한 맛을 가진 일상식이다. 일 년에 한 번 먹을까 말까 한 프랑스 요리에 현혹될 것이 아니라 하루 세 끼 먹는 가정식 백반을 건강하고 맛있게 먹을 수 있는 지혜가 필요하다. 우리의 삶의 의미는 거창하고 대단한 어떤 것이 아니라 일상의 나의 삶에서, 내 옆에 있는 사람들과 함께 누릴 수 있는 소박하지만 귀한 그 무엇일 것이다.

삶을 살아가는 적절한 방법을 배우자

알코올중독자들은 최소 몇 년에서 몇십 년을 술에 취한 채 살아왔다. 술을 마신 채 사람을 만났고 대화를 하고 갈등을 풀었다. 삶의 과정에서 자신에게 주어진 새로운 역할들을 술에 취해 내팽개치거나 다른 누군가에게 떠넘겼다. 심지어 이들은 술에 대한 다툼 외에는 배우자와 어떤 주제로 대화를 나눠야 하는지도 알지 못한다. 결혼하고 몇십 년을 살았어도 맨정신으로 대화다운 대화를 나눠 본 경험이 없기 때문이다. 술에 의지해 삶의 모든 순간에 대응해 온 것이다.

단주를 시작한다는 것은 이제 술 없이 맨정신으로 세상을 살아가는 것이다. 술 없이 스트레스를 풀어야 하고, 술 없이 삶의 다양한 역할을 감당해야 하며, 힘겨운 순간들을 이겨 내야 한다. 중독자들은 모든 것을 새롭게 배워 나가야 한다고 해도 과언이 아니다. 이는 술 없이 시간이 지난다고 저절로 습득되지 않는다. 술 없이 사람들과 어떻게 대화를 해야 하는지를 가르쳐 주는 의사소통 훈련, 술을 마시지 않고 스트레스를 어떻게 풀어야 하는지의 스트레스 대처 훈련, 사람들과의 갈등 상황에 어떻게 대처해야 하는지의 갈등 해결

훈련, 살아가는 데 필요한 다양한 사회 기술 훈련, 자기감정을 다루기 위한 분노 조절 훈련, 그저 낳고 키웠던 자녀에게 어떻게 부모 노릇을 해야 하는지에 대한 부모 역할 훈련 등 보통의 사람들이 살아오면서 술의 힘을 빌리지 않고 하나하나 익혀 왔을 많은 것을 새롭게 배워야 한다. 회복은 술을 마시지 않고 살아가는 방법을 배우는 것이다.

그 과정에서 많은 것이 서툴고, 자신이 잘하고 있는지 잘못하고 있는지 판단도 잘 서지 않는다. 순간순간의 상황에서 어떻게 대처해야 하는지도 혼란스러울 때가 있다. 때문에 이와 관련된 다양한 교육과 훈련, 상황에 대한 적절한 코칭을 받는 것이 도움이 된다. 때로는 전문가의, 때로는 단주를 먼저 해 나간 선배의, 그리고 때로는 건강하게 잘 살아가고 있는 주변 사람들의 모습을 보며 도움과 안내를 받을 수 있다.

아주 사소하지만 모르는 것들, 사소하기에 더 막막한 것들

O 씨는 회복 중인 알코올중독자로, 직장 동료들과 함께 점심을 먹으러 가게 되었다. 처음에는 후배 두 명만 있어서 모처럼 자신이 밥을 사 줘야겠다는 생각에 같이 가자고 했다. 선배 노릇을 하는 자신의 모습에 뿌듯하기도 해서 기분 좋게 식당으로 향했다. 하지만 가는 길에 후배 세 명을 더 만났고, 어느덧 어우러져 함께 식사를 하러

가게 되었다. 그렇게 함께 밥을 먹으러 간 O 씨는 어느 새 입맛을 잃고 있었다. 자신은 두 명에게 밥을 사 줄 생각이었는데 다섯 명이 되면서 돈을 누가 내야 할지, 지갑에는 얼마가 있는지, 밥값은 얼마나 나올지 머릿속이 복잡했다. 그러면서 점점 함께 따라온 후배들이 원망스러워지고, 자기 모습이 지질하게 느껴져 죄책감이 들었으며, 괜히 망신당하고 후배들의 원망을 들을까 불안해졌다. 초조해하며 허둥거리는 O 씨의 이상한 모습에 후배들은 의아해했다.

이런 경우 O 씨는 솔직하게 자신의 마음과 상황을 이야기하고, 각자 밥값을 내는 것으로 의견을 건네 보는 것도 해결 방법이 될 수 있을 거라는 생각을 못했다. 아무도 이러한 것을 알려 주는 사람이 없었고, 이런 사소한 상황조차 어른스럽고 세련되게 대응하지 못하는 자신이 한심해 보일까 봐 누구에게 물어볼 수도 없었다. 다른 이들에게는 별것 아닌 일이었지만, O 씨에게는 음식 맛을 느낄 수 없을 정도로 막막한 일이었다.

현실을 직면하자

단주를 처음 시작하며 알코올중독자는 새로운 희망으로 가득차게 된다. 자신의 삶에서 술만이 문제일 뿐, 술만 없어지면 아무런 문제도 없을 것이라 여겼기에 단주와 함께 모든 일이 만사형통, 앞으로 꽃길만 걸을 것이라 생각한다.

하지만 술이 사라지는 순간, 술이라는 커다란 문제 뒤에 가려져 보이지 않던 수많은 현실 문제가 서서히 그 모습을 드러낸다. 당황스러운 시간을 지나며 진짜 문제는 술이 아님을, 또한 이러한 문제들이 해결되지 않으면 단주는 일시적일 수밖에 없음을 중독자는 곧 알게 된다. 오랜 세월 방치된 채 덩치를 키워 왔던 현실이 이젠 술 없이 잘 살아 보려 결심한 알코올중독자 앞에 막대한 이자를 덧붙인 사채 빚처럼 등장한다. 차라리 다시 술에 취해 눈을 감아 버리는 것이 더 편하지 않을까 하는 유혹을 느낄 정도로 현실은 암울하게 느껴질 것이다.

술에 취해 걷던 길은 절벽으로 이어진 내리막길이었다. 그 끝에 대한 막연한 불안은 애써 무시하며 지금 당장은 그저 몸을 내맡기면 되었다. 반면, 술에서 깨어 걸어가야 하는 길은 바위투성이 오르막길이다. 무거운 몸을 힘껏 끌어올려야 한다. 거친 오르막을 오르는 고단함에 차라리 뒤돌아 내려가 버릴까 하는 마음이 들 수도 있다. 하지만 그 끝을 우리는 분명히 알고 있다. 그리고 이 오르막이 점차 오를수록 오를 만한 길이라는 것을, 이미 많은 이가 오르고 있다는 것도 알고 있다. 오를수록 길은 점점 나아지고 올라갈 만한 길이 될 것이다. 무엇보다 오르면 오를수록 오르막을 올라가는 다리에 힘이 붙고, 함께 오르는 동료가 있어 오를 만하다. 눈앞의 현실을 두 눈 똑바로 뜨고 마주 보자. 그리고 도망가지 말고 살아 보자. 이것이 회복이다.

지금 여기를 살자

알코올중독자들은 술을 마시다 잠깐 술기운이 사라졌을 때는 물론이고, 단주를 시작하면서도 술과 함께 흘려보낸 과거 시간에 대한 후회와 함께 미래에 대한 불안과 걱정에 쉽게 휩싸인다. 저만큼 앞서 나가는 친구나 동료를 보며 자신이 한없이 초라해 보이고, 술 때문에 이 모양이 된 것이 사무치게 후회스럽다. 어떻게 저들을 따라잡을 수 있을까 하는 조급함과 앞으로 어떻게 될 것인가에 대한 불안감이 잠시의 평온함을 허락하지 않고 자신을 휘몰아 간다.

하지만 과거를 후회하고 미래를 걱정하다 보면 현재를 살 수 없다. 가장 중요한 날은 바로 오늘이다. 분명한 것은 지나간 시간은 되돌릴 수 없다는 것이다. 새로 태어나지 않는 한, 자신의 과거는 그저 수용하고 안고 가야 한다. 미래는 아직 오지 않은 것이기에 알 수 없다. 불안보다는 호기심을 가지고, 계획하기보다는 실천하며 사는 것이 필요하다. 결과에 대한 두려움은 실천을 가로막는다. 그렇게 흘러버린 오늘은 내일 다시 후회로 남는 어제가 될 뿐이다.

소소하지만 중요한 것을 기억하자

자신을 위한 단주임을 기억하자

어떤 알코올중독자는 처음 술을 끊고자 할 때, 자기 자신을 위해서라기보다는 가족이 원하니까, 가족을 위해서 단주를 해야 한다고 생각하기도 한다. 그들에게 단주는 가족을 위해 자신을 희생하는 것이다. 이는 처음에는 그저 아름다운 가족애로 여길 수 있다. 하지만 그렇게 시작된 단주가 힘겹고 괴로울 때면, 이에 대한 불평과 짜증은 가족을 향할 수 있음을 기억해야 한다. 더 나아가 이렇게 힘들게 자신을 '희생(?)'하여 단주를 하는 만큼, 가족이 자신의 단주에 감사하고 인정해 주기를 바라면서 기대에 미치지 못하는 경우 화를 내거나 잘못된 보복심으로 단주를 포기해 버릴 수 있음을 알아야 한다.

단주는 그 누구도 아닌 자기 자신을 위한 것임을 분명히 기억해야 한다. 물론 알코올중독자가 단주를 하는 것이 가족에게도 반가운 일임은 분명하다. 하지만 그렇다고 단주가 가족을 위한 중독자의 희생은 절대 아니다. 이는 알코올중독자가 홧김에 다시 술잔을 들 때, 가족과 중독자 자신 중 누가 죽음을 향해 가게 될 것인가를 생각해 보면 명확해진다. 단주는 알코올중독자 자신이 살기 위해 하는 것이다. 이를 분명히 기억할 때, 단주는 더욱 단단해진다.

술을 대체할 것을 찾자

알코올중독자는 술을 통해 천국을 맛보았다. 단주를 한다는 것은 그런 술을 내려놓는 것이다. 그것이 결코 쉬운 일은 아닐 것이다. 그러기에 술잔을 내려놓은 손에 이를 대신할 무엇인가를 다시 잡지 않는다면 자기도 모르게 그 손으로 다시 술잔을 잡게 될 가능성이 높다. 회복 중인 알코올중독자가 술을 대체할 무엇인가를 통해 새로운 즐거움을 찾는 과정은 매우 중요하다.

주의할 것은 술에 중독되었던 사람은 술이 아닌 다른 물질이나 행동에 또다시 중독되기 쉽다는 것이다. 적당히 하는 것이 어려운 중독자의 특성은 단주를 위해 새롭게 손에 쥔 무엇인가에 중독적으로 몰입하게 할 수도 있다.

　그런 면에서 단주를 하면서 새로운 것에 몰두하고자 할 때, 가장 권하고 싶은 것은 봉사다. 단주 생활 중 다른 단주자를 돕는 과정에서 느끼는 기쁨은 술이 주던 천국을 맛보게 해 준다. 봉사는 AA의 세 가지 유산 중 하나다. AA는 봉사와 유대(또는 화합, 일치)와 회복으로 이루어진 삼각형을 상징으로 한다. 중독으로부터의 회복에서 봉사를 강조하는 이유는 술을 통해 얻었던 쾌감을 대신할 수 있는 또 다른 쾌감을 맛볼 수 있기 때문이다. 봉사를 통해 얻을 수 있는 쾌감이 있고, 그 맛을 알게 될 때 중독으로부터 벗어날 수 있다. 또한 봉사는 자신의 몸과 영혼을 위한 것이다. 알코올중독자는 자기중심적이고 이기적이다. 이러한 자기중심성과 이기심은 자신보다 힘든 사람들을 보고 그들에게 봉사하며 점차 깨어진다.

　물론 처음에는 우월감을 느끼고 싶고, 인정받기 위한 마음으로 봉사를 시작하게 되는 경우도 있을 것이다. 하지만 처음에는 남에게 보이기 위한 시작이라도, 그렇게라도 시작하기를 권한다. 그것이 시작하지 않는 것보다는 낫다. '마치 ～것처럼 행동하라(act as if～).'는 슬로건처럼, 하다 보면 점차 몸과 마음이 봉사에 익숙해지고 봉사의 참맛을 알아 가게 될 것이다.

　그렇다고 해서 억지로 봉사를 할 필요는 없다. 봉사를 하지 않는 사람을 비난할 필요도 없다. 봉사는 자신이 원해서, 자기 수준에 맞춰서 하는 것이다. 억지로 하는 봉사는 '내가 이렇게까지 하는데…….' 하는 기대와 원망의 마음을 가지게 한다. 봉사는 결코 다른 사람을 위해서 하는 것이 아니라 자신의 회복을 위해서 하는 것임을 기억해야 한다. 때로는 자신이 묵묵히 회복해 나가는 모습을 보여 주는 것만으로도 누군가를 위한 메시지가 되고, 그 자체로 봉사일 수 있다.

봉사는 무조건 좋은가

P 씨는 단주를 시작하며 단주 생활을 잘하기 위해서는 봉사를 하는 것이 좋다는 것을 알게 되었다. 평생 다른 사람에게 손가락질만 받아 왔던 알코올중독자 P 씨는 자신이 누군가에게 도움이 될 수 있다는 것이 좋아서 열심히 봉사활동에 참여하기 시작했다. 자기 시간과 돈을 들여 여기저기 병원에 메시지를 전하러 다녔고, AA모임에 참여한 지 1년이 넘어가면서 처음 AA에 참여한 초심자들을 위한 후원자를 자처했다.

그러던 어느 날 밤, P 씨는 전화벨 소리에 잠을 깼다. 그것은 어느 초심자가 술에 취한 채 도움을 요청하는 전화였다. 단주 선배들한테 술에 취한 알코올중독자의 전화를 받는 것은 조심해야 한다고 들었지만, 자신이 이 사람을 도와야 한다는 생각에 P 씨는 그 사람이 있는 술집으로 달려갔다. 술에 취한 그를 설득하여 술집에서 나가려고 했지만 이미 만취한 그는 요지부동이었고 함께 술을 마시자며 P 씨를 붙잡고 늘어졌다. 순간 이대로 계속 있다가는 자신도 술을 마시게 되리란 것을 직감한 P 씨는 그 사람을 술집에 놔둔 채 도망 나왔다. 그러고는 자신의 후원자에게 전화를 해 지금의 경험을 나누었고, 그렇게 겨우 안정을 되찾은 뒤에야 집으로 돌아올 수 있었.

이번 경험을 통해 P 씨는 봉사도 자기 수준에서 감당할 수 있을 만큼 해야 하며, 아직 자신의 단주 내공도 충분하지 않은 상태에서

> 과도하게 누군가를 돕고자 하는 것은 오히려 자기 자신조차 위험하게 할 수 있음을 깨달았다.
> 봉사를 할 때에도 자기 자신의 한계를 정확하게 아는 것이 중요하다. 술에 취한 사람에게 어떤 도움을 줄 수 있겠는가?

웃으며 살자

재미와 유머는 삶을 살 만하게 하는 중요한 요소다. 그러나 알코올중독자와 그들의 가족은 지금껏 살아오면서 마음껏 웃어 볼 기회가 많지 않았을 것이다. 항상 너무 심각했고, 언제나 경직되어 있었다.

회복을 통해 성장해 가는 이들에게서 보이는 중요한 변화 가운데 하나가 유머가 늘어난다는 것이다. 이는 두려움과 불안을 감추기 위한 가면 같은 웃음이나 농담과는 다르다. 자신이나 삶을 바라보는 시선의 변화와 여유에서 나오는 유머다. 여전히 힘겨운 상황이지만 이를 인정하고 받아들일 때, 이 상황은 두려움과 분노의 비극적 사건이 아닌 웃어넘길 수 있는 에피소드로 표현된다. 그렇게 한 번 웃으며 이 상황에 대한 힘겨움을 조금씩 덜어 가는 것이다. 상황이 바뀌는 것이 아니라, 상황을 대하는 태도가 달라지는 것이며, 이렇게 태도가 바뀌어 갈 때마다 상황 역시 조금씩 바뀌어 갈 수 있다.

스트레스를 잘 관리하자

살아가면서 정도의 차이는 있겠지만 누구나 스트레스를 받는다. 스트레스는 개인에게 부정적인 영향을 주지만 이것을 잘 받아들이면 성장의 기회가 된다. 스트레스는 일상생활에서의 문젯거리, 생활의 위기, 중요한 사건 등 외적인 것뿐만 아니라 상반되는 욕구 간의 갈등이 원인이 된다(김정희, 2010). 스트레스가 지속되면 감기에서 시작하여 암에 이르기까지 다양한 질병이 일어나고 기억의 감퇴와 노화를 촉진한다.

특히 스트레스는 중독자의 재발에도 영향을 미치기 때문에 스트레스를 잘 관리하는 것이 회복 유지에 중요하다. 중독자는 스트레스에 취약하고 스트레스나 문제가 있을 때 주로 중독 대상으로 회피하는 경향이 있어, 스트레스를 알아차리고 이를 적극적으로 관리할 수 있도록 가르칠 필요가 있다. 스트레스는 중독자를 재발로 이끄는 게이트의 역할을 할 수 있다.

스트레스 관리를 위한 구체적인 방법으로는 마음챙김하기, 감정 표현하기, 즐거운 행동하기, 생각 바꾸기, 취미생활하기, 신앙생활하기 등이 있다(박상규, 2014, 2019). 그 내용을 살펴보면 다음과 같다.

마음챙김하기

중독자들은 스트레스를 받으면 그 대상이나 상황을 탓하는 경향이 있다. 회복을 잘 유지하기 위해서는 문제가 있을 때 다른 사람이나 상황의 탓으로 돌리기보다는 '지금 내 문제는 무엇인가?'를 생각해 볼 수 있는 관점의 변화가 필요하다.

지금 자신이 스트레스를 받고 있다면 스트레스를 받는 자신의 마음을 분명히 알아차린다. 스트레스를 알아차리고 수용할 수 있으면 스트레스에 덜 휩싸이게 되며 마음이 평온해져서 지금 여기에 잘 적응할 수 있다. 마음챙김은 지금 일어나는 짜증, 두려움, 스트레스를 알아차리는 것으로, 교감 및 부교감 신경계라는 액셀과 브레이크의 균형을 잡는 데 중요한 역할을 하여 스트레스에 잘 대처할 수 있게 한다(Stahi & Goldstein, 2014). 스트레스를 받으면, 제3자가 보듯이 객관적인 자세로, 일어나고 사라지는 자기 마음의 변화를 알아차린다.

감정 표현하기

스트레스의 많은 부분은 대인관계의 문제에서 비롯된다. 스트레스를 받았을 때 상담자나 가족, 친구 등 믿을 수 있는 누군가에게 자신의 감정을 속시원하게 표현하면 스트레스가 줄어든다. 사회적인 지지는 스트레스를 줄이는 데 효과가 있다.

즐거운 행동하기

웃으면 기분이 좋다는 말이 있다. 웃기, 신나는 노래 부르기, 즐거운 춤추기 등의 행동은 기분을 좋게 한다. 우리의 몸과 마음은 서로 연결되어 있어 몸의 태도나 행동을 바꿈으로써 생각과 감정이 달라진다. 스트레스를 받고 있다는 것을 자각한 다음에는 일부러 신나는 일, 즐거운 행동을 하면 스트레스가 줄어들고 기분이 좋아진다.

생각 바꾸기

친구에게 여러 번 전화를 했는데, 친구가 전화를 받지 않는다면 화가 날 것이다. 그것은 친구가 나를 무시한다는 생각과 관련될 수 있다. 그러나 '저 친구가 바쁜 모양이구나!'라고 생각하면 스트레스나 분노감이 줄어든다. 스트레스를 받았을 때는 자기에게 일어나는 부정적인 생각을 발견하고 그 생각이 자신에게 도움이 되지 않음을 알고, 생각을 긍정적으로 바꿀 수 있어야 한다. 생각이 긍정적으로 바뀌면 감정도 달라지고 스트레스가 줄어든다. 자신의 왜곡된 사고를 바로잡는 것은 중요하다. 하지만 감정이 많이 쌓인 상태에서는 사고를 바로잡기가 힘들므로 먼저 감정을 잘 표현하는 것이 필요하다.

취미생활하기

건강한 취미생활은 스트레스를 예방하고 관리하는 데 도움이 된다. 봉사하기, 운동하기, 예술 활동하기, 반려동물 키우기, 춤추기, 명상하기 등 본인이 좋아하고 잘할 수 있으며 효과가 좋은 것을 선택하여 시행하면 스트레스를 줄일 수 있다. 특히 봉사활동을 하거나 반려동물을 돌보는 것은 자기중심적인 중독자들에게 도움이 된다. 그림을 그리거나 서각 과정을 통해 자신의 파괴적인 감정을 작품으로 승화시켜 성취감을 맛보게 하는 것도 좋다.

신앙생활하기

신앙이 있는 사람은 스트레스를 적게 받고 받을 때도 잘 대처할 수 있다. 알코올중독자에 대한 연구에서 상대적으로 높은 수준의 종교적 대처 수준을 보이는 사람들이 스트레스가 적고 삶의 만족도가 높음이 나타났다(이봉재, 오윤진, 2008). 회복 중인 많은 중독자가 신앙을 통해서 스트레스와 삶의 어려움을 잘 이겨 내면서 회복하고 있다. 겸손은 회복에 중요한 요인이다. 신앙은 회복자가 겸손하게 삶을 받아들이고 의지하는 버팀목이 된다.

스트레스를 잘 관리하기 위해서는 스트레스를 받고 있음을 인정하고 수용하면서 스트레스를 적극적으로 관리하겠다는 마음을 가져야 한다. 또 자기에게 적절하며 효과가 있는 방법으로 연습을 하고 실생활에서 적용해 보는 것이 좋다(김정희, 2010).

혼자가 어렵다면 전문가의 도움을 받아라

회복의 과정에서 알코올중독자는 다양한 새로운 도전에 직면하고 어려움을 경험하곤 한다. 어떻게 해야 할지 막막하고 혼자서는 감당하기 버거울 때도 있다. 그리고 이러한 어려움은 회복의 과정에 직접적인 장애물이 되기도 한다.

회복의 과정은 각자의 길을 자기 두 발로 걸어가야 하는 과정이다. 온전히 자신이 선택하고 책임지며 자기에게 주어진 삶을 살아가는 것이 회복이다. 하지만 '스스로' 가야 한다고 해서, '혼자서' 가야 하는 것은 아니다. 자기 힘으로 살아가야 한다고 해서 도움 없이 감당해야 하는 것도 아니다. 그보다는 회복의 안내를 받고, 회복의 동료와 함께, 회복의 선배들이 걸어간 길을 조심스럽게 걸어가는 것이다.

특히 회복의 과정에서 전문가의 도움은 필수적이다. 전문가는 전문가가 되기 위한 교육훈련과정과 전문가로서의 경험을 통해 중독으로부터의 회복 과정을 지원할 수 있는 역량을 갖추었다고 인정받는 이들이다. 회복의 경험이 있을 수도 있고, 없을 수도 있지만, 회복의 과정에 필요한 각 영역에서 도움을 줄 수 있는, 그리고 도움을 주고자 하는 이들이다.

몸과 마음의 건강을 돌보는 전문가, 가족을 깊이 있게 이해하고 풀리지 않는 가족관계의 해법을 함께 찾아가는 전문가, 법률적 문제나 금전 관리에서의 도움을 제공할 수 있는 전문가, 통제되지 않는 감정이나 어렵기만 한 의사소통에 도움을 줄 수 있는 전문가

등 다양한 분야의 전문가가 회복의 과정에 힘이 되어 줄 수 있다.

혼자서 힘들다면 전문가의 도움을 받아라. 스스로 한다는 것이 혼자서 해야 한다는 것을 의미하는 것은 아니다. 자신에게 도움이 필요하다는 것을 알고, 적절한 도움을 요청할 수 있는 것은 회복의 과정에서 꼭 필요한 겸손이자 지혜다.

08 회복의 길을 함께 가는 전문가의 자세

거울이 되어 주자

알코올중독으로부터 회복의 길을 함께 가는 전문가의 역할은 무엇이어야 할까? 전문가의 역할은 거울의 역할이다. 중독자가 자신의 모습을 있는 그대로, 제대로 볼 수 있도록 돕는 것이 전문가가 해야 할 일이다. 이를 위해 가장 좋은 것은 그들이 자신의 이야기를 마음껏 할 수 있도록 들어 주는 것이다.

중독자는 누군가 자신에게 간섭하고 개입하려 들면 너무나 싫어한다. 이것이 중독자의 자기중심성이고 교만이다. 그러기에 자신도 중독으로 인한 폐해를 잘 알면서도 가족이나 전문가의 조언에 삐딱한 반응을 보이는 것이다. 전문가가 전문가인 척하는 순간, 그들은 알아듣는다는 듯 고개를 끄덕이지만 마음의 문을 닫는다. 오히려 아무것도 모르는 것처럼(사실 그들보다 그들의 경험을 더 잘 알 수는 없다) 이야기를 경청해 주면, 그 자신을 있는 그대로 드러내게 된다. 중독자에게 적절한 질문을 던지고, 그의 이야기를 잘 들어 주는 과정에서, 그가 마음속에 있던 이야기를 마음껏 하다 보면 스스로 자신의 문제를 알아채고 인정하게 된다.

전문가는 투명한 거울이 되어 중독자가 자신의 모습을 잘 볼 수 있도록 해야 한다. 자신의 모습을 보고 난 이후의 선택은 그들의 몫이다.

같은 속도, 같은 방향으로 함께 걸어가자

전문가는 중독자를 가르치고 끌어가는 사람이 아니라 그들과 같은 속도, 같은 방향으로 함께 걸어가는 사람이다.

어떤 전문가는 중독자가 자신의 문제를 모른다고 생각해서 이를 고쳐 주고 알려 주려 애쓴다. 자신이 하는 말만 잘 들으면 회복될 수 있다고 말하기도 한다. 이 과정에서 중독자가 전문가의 말을 인정해 주지 않으면 그는 '부정'하는 내담자가 되고, 전문가의 말을 따르지 않으면 '저항'하는 내담자가 된다.

내담자를 자기 방식대로 끌고 가려고만 하는 전문가는 중독자와 끝없는 힘겨루기를 하게 될지도 모른다. 또는 순종하며 끌려오는 것처럼 느껴지던 중독자가 어느 순간 잡아당겨진 고무줄처럼 팅

겨 제자리로 되돌아가는 것을 보게 될 것이다.

전문가는 중독자가 자신만의 욕구와 나름의 속도가 있음을 인정하고 이에 함께할 수 있어야 한다. 술에 의해 끌려다니던 삶을 살던 경험을 하던 중독자가 자기 삶에 대한 주도권을 가지고 스스로 끌어갈 수 있도록 도와야 한다.

회복에 대한 믿음을 갖자

알코올중독자를 만나는 전문가는 알코올중독이 회복될 수 있는 병임을, 그리고 지금 자기 앞에 있는 중독자가 회복되어 변화된 삶을 살아갈 수 있는 존재임을 믿어야 한다. 하지만 이는 생각보다 쉽지 않다. 수없이 단주를 약속하고 또다시 재발하는 중독자를 보며, 중독의 증상이라고 하지만 도저히 이해되지 않는 중독자의 행동을 보며, 전문가는 오히려 회복에 대한 회의감을 갖는 것이 더 쉬울 것이다.

회복을 믿지 못하는 전문가는 쉽게 지친다. 자신의 일에서 의미를 찾기도 어렵기 때문이다. 그리고 이러한 전문가가 중독자의 회복 과정에 도움이 되기는 어렵다. 때문에 이후에도 중독은 회복되지 않는다는 자기신념을 바꿀 만한 경험을 하기는 쉽지 않을 것이다.

중독전문가로서 회복을 경험하는 것은 중요하다. 회복이 가능하다는 교과서의 설명이 아니라, 회복을 경험하는 이들을 만나서 그들의 이야기를 직접 듣고 직접 보는 것이 필요하다. 그래서 회복이 교과서 안에만 있는 이론이 아니라 실제로 이루어지고 있음을 전문가 스스로 믿을 수 있어야 한다.

전문가가 회복에 대한 믿음이 있어야 함과 동시에 그 회복은 전문가가 해 주는 것이 아님을 또한 기억해야 한다. 전문가는 자신이 중독자를 치료할 수 있다고 생각하는 착각에서 벗어나야 한다. 중독으로부터의 회복은 전문가가 잘한다고 해서 되는 것이 아니다. 전문가로서 최선의 노력을 다하고 난 후의 결과는 신에게 맡겨야 한다. 중독자가 잘 회복한다면 이는 감사할 일, 그뿐이다.

자기성찰과 자기치유를 위해 노력하자

중독전문가로서의 역할을 하는 데 있어 가장 중요한 도구는 전문가인 인간 그 자체다. 훌륭한 중독전문가가 되기 위해서는 우선 전문가 자신이 건강해야 하고, 내담자를 성장시키기 위해서는 자신이 먼저 성숙한 인간이 되어야 한다. 하지만 처음부터 완벽하게 성숙한 인간의 모습으로 전문가의 길로 들어서는 경우는 없다. 모든 인간이 그러하듯 결함과 한계를 지닌 평범한 인간으로 중독전문가로서의 길에 들어선다. 때문에 중독전문가로서의 성장과정에서 자기성찰과 자기치유는 필수 과정이 된다. 전문가의 마음챙김 수행은 자기뿐만 아니라 중독자를 이해하는 데에도 많은 도움이 된다.

중독전문가로서 자기치유가 충분히 이루어지지 않을 때 발생할 수 있는 가장 큰 문제 중 하나는 중독전문가와 내담자의 관계에서 형성되는 공동의존적 관계다. 전문가가 자기를 돌보는 것과 타인을 돌보는 것 사이의 균형을 유지하는 것은 중요한 문제다. 특히 중독상담에 있어서 이 균형의 중요성은 더욱 커진다. 전문가가 자기 자신을 희생하면서까지 다른 사람을 지나치게 돌보는 것은 타인에게 필요한 존재가 되는 것에서 자신의 존재 가치를 찾고자 하기 때문이다. 이는 중독자와 가족에게서 보여지는 공동의존의 개념과 다르지 않으며, 이러한 공동의존의 관계는 중독자가 스스로 자신의 문제를 해결하는 것을 방해함으로써 전문가 자신과 내담자 모두에게 해를 끼치게 된다.

내담자에게 성찰과 치유를 요구하기 이전에 전문가 자신이 먼저 자기 문제에 대한 치열한 성찰과 치유의 과정을 위해 노력해야 한다. 이를 통해 전문가 자신이 효과적인 도구로서의 역할을 제대로 수행해 나갈 수 있다.

전문성을 갖추기 위해 노력하자

중독전문가가 될 수 있는 과정은 다양하다. 몇몇 대학교의 학부 과정과 대학원 과정을 통해 중독상담, 중독재활 등의 학위과정을 밟을 수 있다. 또한 한국중독전문가협회나 한국중독심리학회, 한국중독상담학회, 한국정신건강사회복지학회의 중독관리위원회 등의 학회, 협회 등에서 교육 및 훈련을 받을 수도 있다.

중요한 것은 중독전문가로서의 전문성을 갖추기 위한 체계적인 노력이 필요하다는 것이다. 상담을 오래 해 왔건, 사회복지사로 오래 일해 왔건, 이러한 경험들은 중독전문가로서의 전문성과는 별개의 문제다. 중독전문가로서 중독자와 그 가족을 만나기 위해서는 중독과 회복, 그리고 중독자와 그 가족에 대한 체계적인 교육과 훈련을 통해 전문성을 갖추는 것이 꼭 필요하다.

관심과 능력 또한 별개다. 중독전문가로서 일을 하기 위해서는 중독자나 그 가족에 대한 관심을 기반으로 해야 함은 분명하지만 관심만으로 전문가가 될 수 있는 것은 아니다. 자신의 관심이 긍정적인 영향을 미칠 수 있도록 하기 위해서는 전문적인 역량을 갖추기 위한 과정을 거쳐야만 한다.

회복의 경험만 가지고 전문가로서 다른 이들을 도울 수 있다고 생각하는 것은 착각이다. 이들은 먼저 회복한 사람으로서 다른 회복자에게 도움을 줄 수는 있겠지만, 이는 전문가의 역할과는 다르다. 회복자도 전문가가 될 수 있다. 하지만 이는 전문가로서의 적절한 교육과 훈련을 통해 가능하다.

중독전문가로서의 전문성 가운데 중요한 한 부분은 바로 윤리적 실천을 위한 노력이다. 중독전문가로서의 실천은 전문가로서의 윤리에 기반을 둔 실천이어야 한다. 특히 중독상담에서는 윤리적인 실천이 무엇보다 중요하다. 중독전문가에게 필요한 윤리적 실천의 규정들을 이해하고 이에 따라 행동해야 한다.

Finding Yourself
Facing Alcoholism

3부 알코올중독자와 함께 살아간다는 것

09 알코올중독 가정의 특성
10 알코올중독자 가족으로 살아가기
11 회복과 가족

어느 알코올중독자 부인의 하루

　Q 씨는 오늘도 피곤하고 우울한 기분으로 어렵게 눈을 떴다. 어제도 술에 떡이 되어 들어온 남편은 조용히 잠을 자기는커녕 애꿎은 자기 말투를 트집 잡으며 한바탕 소란을 피웠다. 그러고는 오늘 아침, 자기가 언제 그랬냐는 듯 잔뜩 기가 죽은 채 해장국을 먹고 있는 남편을 본 Q 씨는 자기도 모르게 쏘아붙이기 시작했다. 백날 똑같은 말이고 내 입만 아프다는 것을 모르지 않았지만 이렇게라도 안 하면 울화병이 도질 것만 같았다. 아무 말도 없이 돌부처처럼 코를 박고 앉아 있는 모습에 속이 터져 몇 마디 더 보태고 말았다. 황소라도 이 정도 얘기했으면 알아들을 것 같은데, 도대체가 생각이라곤 없이 사는가 싶다. 그래도 일말의 기대와 함께 제발 오늘만은 술 마시지 말고 들어오라고 신신당부를 하며 출근을 시켰다. 그러고는 풀리지 않은 분을 괜스레 애들한테 퍼부으며 어수선한 하루를 시작했다.

　하루 종일 문득문득 오늘도 술을 마시고 들어오려나 하는 생각에 신경이 쓰이던 Q 씨는 남편의 퇴근시간이 다가오면서 온몸의 신경이 곤두섰다. 마치 남편을 향해 레이저탐지기를 쏘아 보내는 듯한 느낌이었다. 시계 소리와 현관 밖의 발걸음 소리에 신경이 예민해졌고, 와야 할 시간에 오지 않는 남편을 기다리며 날카로워진 Q 씨의 짜증에 아이들은 엄마의 눈치만 슬슬 보고 있었다.

　전화를 수십 통 해도 받지 않고, 분노와 절망과 실망을 오가던 감정은 급기야 새벽이 되어도 오지 않는 남편에 대한 걱정으로 가득 찼다. 이 차가운 날씨에 길거리에서 잠든 건 아닌지, 험한 꼴을 당한 건 아닌지, 사고라도 난 건 아닌지 온갖 생각에 앉아 있을 수가 없었다. 챙겨 주지 못한 애들은 이불도 덮지 않은 채 방구석에서 뒹굴다 잠이 들었고, 언뜻 눈에 들어온 거울 속 자신의 모습은 핏발 선 눈과 헝클어진 머리카락으로 흡사 정신 나간 사람 같았다. 자신을 이렇게 불행하게 만든 남편이 원망스러웠고, 이렇게 살고 있는 자신이 너무 불쌍했다. 이렇게 내가 미쳐 가는 건 아닌가 하는 생각까지 들었다.

    그렇게 새벽이 깊어 갈 즈음, 저 멀리서부터 술에 취한 남편의 발걸음 소리가 들렸다. 그리고 이어지는 현관문 차는 소리. 또 시작이다. 동네 사람들한테 들릴까 얼른 집 안으로 남편을 끌고 들어온 Q 씨는 그동안의 걱정과 불안이 모두 분노와 원망으로 바뀌는 것을 느꼈다. 동네 창피해서 큰 소리로 퍼붓지는 못했지만 Q 씨는 경멸과 비난을 가득 담은 눈으로 빨리 잠이나 자라며 재촉해 댔다. 하지만 남편은 Q 씨의 눈빛과 아침에 들은 잔소리에 보복이라도 하듯 자신의 분노를 온통 터트려 대고 있었다. 오늘도 징글징글한 하루다.

알코올중독 가정의 특성

알코올중독자와 함께 사는 것은 힘겹다

　알코올중독자와 함께 살아가는 것은 쉽지 않은 일이다. 알코올중독자의 중독이 진행되어 갈수록 알코올중독자 가족의 삶 역시 더 어렵고 힘겨워진다. 술은 한 사람이 마실지 몰라도 술로 인한 영향은 함께 사는 가족 모두가 받게 된다. 알코올중독자는 부모로서, 자녀로서, 배우자나 가장으로서 자기 역할을 제대로 하지 못하고, 더한 경우 중독에 빠져 가족을 경제적으로 또는 정서적으로 착취하는 경우도 심심치 않게 찾아볼 수 있다. 뿐만 아니라 가족은 중독자의 폭력이나 폭언, 비난과 원망의 대상이 되기도 한다. 그러기에 알코올중독은 가족병이라 알려져 있다.

　어떻게 하면 중독자가 술을 끊을 수 있을까 싶어 무속인의 말에 기대거나 술 마시는 사람 뒤를 쫓아 보기도 하면서 이게 뭐 하는 짓인가 하는 스스로의 모멸감을 경험하기도 한다. '내가 좀 더 잘 대처하면 술을 덜 마실 텐데 괜히 화를 북돋웠을까?' '내가 잘못 키워서 아이가 나에게 반항을 하는 걸까?' 하는 생각에 자신을 탓하면서 스스로를 지치게 하는 경우도 많다. 술에 치여 힘들어하는 알코올중독자의 모습에 마음이 찢어지며 어떻게 해야 할지 전전긍긍하며 같이 힘들어하기도 한다.

중독자의 가족은 주변 다른 이들의 도움을 받는 것도 녹록지 않다. 이웃이나 주변 친지들의 시선조차 수치스러워 누구에게도 털어놓지 못하고 많은 짐을 혼자 견뎌 내곤 한다. 사랑하는 가족을 억지로 정신병원에 격리하는 선택을 해야 하기도 하고, 그렇게 입원시켰다는 이유로 알코올중독자 본인은 물론 주변 사람들의 분노와 비난을 감당해야 하기도 한다. 삶의 버거움과 함께, 억울하고 상처받은 마음까지 가족들은 어디 하나 기댈 곳 없이 막막하다.

그렇게 지칠 대로 지쳐 알코올중독자와 마주하면 때로는 자신도 모르게 악에 받쳐 악다구니를 쓰기도 하고, 이성을 잃고 폭주하기도 한다. 술에 취하면 자신의 의지와 상관없이 휘청거리듯, 그 옆에서 함께 살아가는 가족의 삶 역시 술에 취한 듯 휘청거리기 일쑤다. 가족에게도 역시 참으로 힘겨운 하루하루다.

가족은 무력한 피해자일 뿐인가

그렇다면 가족은 술을 마시는 알코올중독자에 의해 삶이 휘둘리는 가련한 피해자일 뿐인가? 가족 간의 관계는 그렇게 단순하게 정의되지 않는다.

알코올중독자는 술에 중독되어 있다. 그리고 많은 경우 알코올중독자와 함께 살아가는 가족은 그러한 중독자에게 중독된다. 알코올중독자가 술에 중독된다는 것은 모든 삶의 중심에 술이 우선이고, 술로 인해 모든 삶이 영향을 받게 되며, 술로 인해 부정적인 결과들을 계속해서 경험하면서도 또다시 술을 마신다는 말이다. '이 술을 마시면 괜찮겠지.' '이번에는 안 취하겠지.' 하며 술을 조절해 보려 하지만 계속 실패한다. 자신의 모든 문제를 술이 해결해 줄 것이라는 생각과 술 때문에 자신의 삶이 망가졌다는 이중적인 생각을 갖는다. 자신의 모든 행복과 불행이 술에 있다.

알코올중독자의 자리에 가족을 넣고, 술의 자리에 알코올중독자를 넣어 보자. 가족의 모든 삶의 중심에는 알코올중독자가 놓여 있다. 가족은 자신의 삶을 살지 못하고 중독자에게 온 신경이 쏠려 있다. 중독자로 인해 모든 삶이 영향받게 되며, 중독자의 계속되는 거짓말을 경험하면서도 또다시 중독자를 믿고 싶다. '이혼한다고 협박하면 안 마시겠지.' '화나지 않게 비위를 잘 맞춰 주면 술을 줄이겠지.' 하면서 중독자의 음주를 통제하려 해 보지만 실패를 거듭한다. 자신의 삶은 중독자 탓에 망가졌지만, 중독자가 술만 끊으면 모든 문제가 해결될 거라 생각한다. 자신의 모든 행복과 불행은 중독자에게 달려 있다고 여긴다.

하지만 술을 통제하려는 중독자의 노력이 아무 소용없이 결국 실패로 끝나듯, 중독자를 통제하고자 하는 가족의 끝없는 노력과, 자기 삶의 불행을 중독자 탓으로 돌리는 가족의 계속되는 비난은 결국 중독자와 가족 모두에게 파국일 뿐이다.

자기가 있어야 할 자리를 벗어난다

중독이 되면 제 역할을 하지 못한다. 한 사람의 알코올중독자에게도 한 가족의 부모로서, 배우자로서, 자녀로서 감당해야 할 자신의 자리가 있었다. 하지만 술에 빠진 삶은 그들이 각자의 자리에서 요구받는 자기 역할을 다하는 데 많은 어려움을 가져온다.

가장이 중독자인 경우 가장으로서의 역할을 다하기가 어렵다. 가족을 보호하는 울타리이기보다는 오히려 술에 취한 모습으로 가족에게 공포를 주거나 염려를 끼치는 경우가 많고, 직업을 유지하기 어려워 가족을 경제적으로 뒷받침하기도 쉽지 않은 경우가 흔하다. 건강을 잃어 가장의 부재를 가져오기도 한다. 양육자가 중독자인 경우 또한 긍정적인 양육자로서의 역할을 충실히 해내지 못한다. 자녀를 안전하고 적절하게 보호하는 데에도 어려움이 있고, 술에 취한 채 자녀에게 하는 훈육은 권위가 서지 않는다.

이러한 상황에서 중독자의 배우자는 가장과 양육자의 역할을 모두 떠안은 채 중독자를 보살피는 역할까지 감당해야 한다. 하지만 이런 상황이 지속되면, 이들의 신체적·정신적 에너지가 소진되고, 감정적인 어려움까지 초래되기에 그들 역시 주어진 모든 역할을 해내기에는 역부족인 상태가 된다.
　그 속에서 자녀는 유년기에 누려야 할 것들을 잃어버린 채 애어른이 되어 간다. 자녀들은 적절한 보호 속에서 자기 나이에 맞는 다양한 경험과 학습을 통해 성장하고 발달해야 한다. 하지만 부모의 중독으로 인한 가족의 소용돌이 속에서 자신의 욕구나 필요는 뒷전으로 미뤄 둔 채 가족의 문제에 빠져 자신의 성장에 소홀하게 된다. 어린아이의 몸을 한 채 어른처럼 행동하고 살아가는 애어른이 되어 가는 것이다. 이들은 어린아이임에도 불구하고 어린아이로서의 삶을 살아가지 못한다. 그리고 어른 흉내를 낸다고 해서 성숙한 어른이 되어 가는 것도 아니다. 아이와 어른도 아닌 어정쩡한 상태는 자녀들이 성인이 되고 난 후까지도 계속 이어진다.

10
알코올중독자 가족으로 살아가기

알코올중독자의 배우자

알코올중독자로 인해 가장 큰 어려움을 경험하는 사람은 가장 가까운 관계인 함께 사는 가족일 수밖에 없고, 그중에서도 배우자일 가능성이 크다. 중독자로 인한 주변의 괴로움의 정도는 촌수에 반비례한다고들 한다. 촌수가 가까울수록 괴로움이 커진다는 말인데, 부부간 촌수는 0촌이다.

중독자에게 가장 큰 영향력을 가지는 사람도 배우자인 경우가 많다. 긍정적이든 부정적이든 서로에게 가장 많은 영향을 미치는 관계가 부부간인 것이다.

그와 그녀의 전쟁

알코올중독자와 배우자는 중독의 과정에서 서로에 대한 감정의 골이 깊어진다. 배우자는 결혼 생활 동안 술을 마시면서 자신을 힘들게 했던 중독자에게, 그리고 중독자는 술을 마신다는 이유로 자신을 무시하고 배척했던 배우자에게 부정적 감정을 쌓아 간다. 그러기에 서로에 대한 시선과 말이 곱지 않다. 시간이 가면서 익숙해진 서로에 대한 말투와 태도는 관계를 바꿔 보고자 하는 노력에도 쉽게 변하지 않는다. 마음속 염려를 표현하는 자기만의 방식인 잔소리, 미안함에 내뱉는 퉁명스러운 말, 마음 졸이던 걱정이 폭발하여 퍼붓는 비난, 상대를 자극하지 않기 위한 조심스러움이 만든 침묵과 단절. 이 모든 것이 자신의 입장에서는 상대에 대한 좋은 의도였을지 몰라도 상대에게는 상처가 되는 상호작용 방식이었다. 그리고 이러한 상호작용의 과정에서 자신의 좋은 의도를 몰라주는 상대에 대한 억울함과, 도리어 자신에게 상처를 주는 상대에 대한 분노로 더욱 깊은 감정의 골을 만들어 간다. 그렇게 시간이 흘러가며 이들은 서로를 화나게 하는 데 전문가가 되어 간다.

또 다른 세대전이

알코올중독자의 배우자 중에는 자신의 부모가 중독문제를 가지고 있는 중독가정에서 성장한 자녀인 경우가 많다. 알코올중독의 세대전이는 부모의 중독을 보고 자란 자녀가 스스로 알코올중독의 문제를 갖는 것으로도 나타나지만, 부모의 중독을 보고 자란 자녀가 중독자의 배우자가 됨으로써 또 다른 알코올중독가정을 만드는 것으로도 나타난다.

　이런 경우 어린 시절 경험은 현재의 결혼 생활에서 지속적으로 재현된다. 부모의 부부관계는 현재 자신의 부부관계에서 되풀이되고, 가족 구성원의 혼란스러운 역할은 또다시 반복된다. 어린 시절 가정에서 겪었던 음주 상황들은 이들이 음주에 대한 과민반응을 보이게 하거나, 반대로 배우자의 음주에 대해 지나치게 둔감한 채 그저 상황을 견뎌 내도록 할 수도 있다.

　이렇게 되는 이유는 인간이 성장 과정에서 생각보다 많은 것을 '보고' 배우기 때문이다. 어린아이는 자기 가족의 모습에 대해 어떤 판단이나 선택을 하기보다는 그저 그러한 삶의 모습이 전부인 양, 당연한 양 보고 배운다. 그리고 자신 역시 그렇게 살아간다. 여기에는 가족 간에 어떻게 의사소통을 하고, 어떻게 사랑이나 감정을 표현하며, 어떻게 갈등을 해결하는지가 포함된다. 술은 언제, 어떻게, 얼마나 마시는 것인지, 술을 마시고 하는 행동은 어떤 모습이어야 하는지, 술 마신 사람에게는 어떻게 반응해야 하는지, 이 모든 것도 학교가 아닌 가정에서 배운다. 그리고 이에 대한 성찰이나 새로운 배움의 기회가 없다면 현재의 삶에서 이러한 행동이 되풀이될 가능성은 아주 높다.

너무 사랑하는……

　알코올중독자와 결혼한 배우자 중에는 자신의 수치심이나 열등감, 외로움 등의 문제를 해결하기 위한 수단으로 결혼을 선택한 경우가 종종 있다. 행복하지 않은 자신의 삶에서 탈출해 새로운 세상으로 도망가기 위해 결혼을 선택하기도 하고, 때로는 이 결혼으로 자신이 불행해질 것이라는 내면의 신호를 느꼈음에도 밀어붙이기도 한다. 이는 자신의 욕심이나 체면, 두려움 등에 휘둘려 내면의 신호를 무시한 결과다. 중요한 것은 이 모든 것이 자신이 선택한 결과였음을 인식하는 것이다.

이렇게 선택한 결혼이지만 이들은 최선을 다한다. 하지만 사랑과 집착, 관심과 간섭을 구분하는 것이 이들에겐 너무 어려운 일이다. 그래서 사랑하는 사람에게 집착하고, 간섭하지 말라고 하면 아예 관심을 끊어 버리는 극단적인 태도를 보이게 된다. 결국 이들의 최선은 사랑과 관심이라 믿는 집착과 간섭으로 상대를 옭아매는 것으로 나타나고, 이는 상대를 지치게 한다. 그 결과로 중독자는 술에 취한 채 이에 대한 불만을 터트리게 된다. 최선을 다한 집착과 간섭에도 돌아오지 않는 상대의 사랑과 관심은 결국 자신도 지치게 한다. 이것이 집착과 간섭이 아닌 사랑과 관심의 방법을 배워야 할 이유다.

배우자의 다양한 유형

첫 번째 유형은 자신이 부족해서 중독자가 술을 마신다고 생각해 자신이 좀 더 잘하기 위해 노력하는 배우자다. 그렇게 해야 자신이 중독자를 고칠 수 있다고 생각하기에 헌신하고 희생한다. 자신

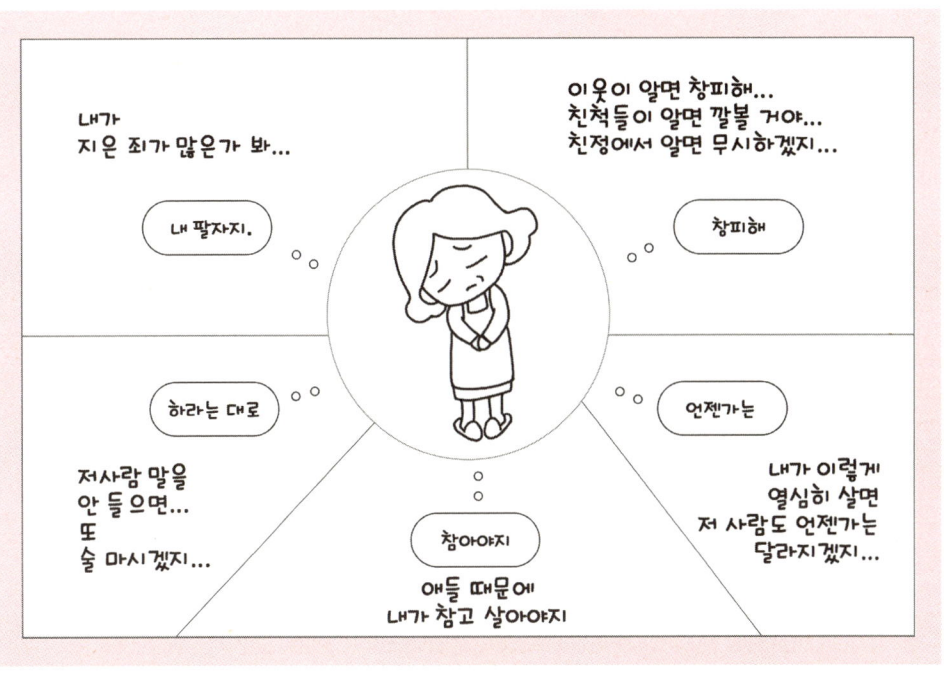

출처: 문경회복센터 홈페이지. 이정미 그림.

의 팔자고, 업보라고 생각해 체념하면서도, 언젠가 자신의 희생을 알아준다면 술을 끊어 주지 않을까 하는 막연한 희망을 버리지 못한다. 중독자의 비위를 거스를까 모든 말에 순종하며 자신의 욕구나 감정은 억누른 채 모든 것을 중독자에게 맞춘다.

또 다른 유형은 중독자의 중독을 부정하고 별일 아닌 것으로 취급하며 자신이 잘하면 중독자가 술을 조절할 수 있을 것이라 생각하는 배우자다. 이들은 술 좀 그만 마시라는 잔소리와 이것만 마시고 그만하라는 허용을 반복하며 일관성 없는 모습을 보인다. 이들이 정말 견딜 수 없는 것은 중독자의 음주보다 술을 마신 후에 중독자가 자신의 통제대로 되지 않는 것이다. 그러기에 이들의 노력은 술을 끊게 하려는 것이라기보다는 중독자의 음주는 물론 모든 것을 자신이 원하는 대로 통제하고자 하는 것이다.

일방적으로 비난과 무시를 하는 유형도 있다. 지금 벌어지는 모든 일은 중독자의 탓이고 자신은 아무런 잘못이 없는 피해자라고 생각하는 유형이다. 자신은 모든 것이 옳고 바른데 이런 자신의 말을 따르지 않는 중독자는 무시당해 마땅한 존재라 여긴다. 이혼 협박을 하거나 술에 취해 잠든 중독자를 폭행하는 일도 일어날 수 있다. 그 어떤 집안일도 의논하지 않고 철저히 무시하거나, 샌드백처럼 자신의 울화가 치밀 때마다 공격을 해 대기도 한다.

어떤 배우자는 함께 술을 마시거나 중독자가 술을 마시는 것을 방조하기도 한다. 이들은 함께 술을 마시며 같이 알코올에 중독되어 갈 수도 있다. 혹은 중독자 혼자 조용히 술을 마시고 가족들에게

출처: 문경회복센터 홈페이지. 이정미 그림.

출처: 문경회복센터 홈페이지. 이정미 그림.

출처: 문경회복센터. 이정미 그림.

출처: 문경회복센터 홈페이지. 이정미 그림.

방해가 되지 않기만을 바라기도 한다. 결국 아무런 도움도 받지 못한 중독자는 서서히 몸과 삶이 망가져 간다.

또 다른 이들은 완전한 포기와 무감각한 상태가 되어 한집에 살지만 중독자와 타인처럼 지내며 아무런 관심도 없고 간섭도 하지 않는다. 그리고 자신 또한 깊은 우울감과 상실감을 경험한다.

물론 알코올중독자와 함께 살아가면서도 건강하게 자신의 삶을 챙기고, 중독자에게도 가족으로서의 관심과 사랑을 보여 주는 배우자도 있다. 이들은 자신의 삶에 대해 다른 누구에게 책임을 묻지 않고 자신의 삶에 대한 책임을 받아들인다. 그리고 자신의 행복을 위해 스스로 노력한다.

배우자는 진심으로 중독자의 단주를 바라는가

이 질문에 대한 답은 '그렇다'일 때도 있지만 '그렇지 않다'일 때도 있다. 가족의 알코올중독은 가정을 힘겹고 고통스러운 공간으로 만든다. 때문에 이들은 중독자가 술을 끊는다면 더 이상 바랄 것이 없다고 말한다. 하지만 술을 마시는 중독자로 인해 배우자가 느꼈을지도 모를 여러 긍정적 보상이 중독자의 단주와 함께 사라질 수도 있다는 것은 암암리에 숨겨진 이면이다. 중독자인 배우자를 돌보며 우월감이나 통제감을 가졌던 사람이라면, 단주를 하며 자신의 통제대로 되지 않는 배우자의 모습에 당혹스러움을 느낄 수 있다. 자신이 있는 그대로 사랑받고 존중받을 만한 가치가 있다고 믿지 못하는 배우자의 경우, 중독자가 술을 끊어 더 이상 자신의 도움이 필요하지 않을 때, 자신이 더는 중요한 사람이 아니라는 불안감을 가질 수 있다.

이는 중독자의 단주 여부와 상관없는 배우자 자신의 문제다. 어쩌면 이것은 어린 시절부터 오랜 시간 동안 내면에 자리 잡고 있던 욕구이고, 중독자를 만나 함께 살면서 충족되었던 것들일 수도 있다. 그리고 이는 '술 때문에 못 살아.'라는 표면적인 불평 뒤 마음 깊은 곳에 감추어져서 드러나진 않았지만, 중독자와 함께 살아가는 동안 계속해서 강화되어 왔을 것이다. 이러한 숨겨졌던 마음은 단주와 함께 드러나며 예상치 못한 혼란에 빠지게 할 수 있다. 이러한 배우자의 숨겨졌던 마음이 적절하게 보살펴지지 않을 때, 중독자의 단주와 상관없이 배우자의 삶은 여전히 힘겨울 것이다.

알코올중독자의 자녀

자녀와 부모의 뒤바뀐 자리

많은 경우 부모의 알코올중독은 자녀의 유년기를 앗아 간다. 안전하게 보호되고 적절하게 양육되어야 할 자녀들은 학대나 방임을 경험하고, 스스로 살아남기 위해 애어른이 된다. 나아가 이들은 부모가 해 주지 않는 부모 역할을 자기 스스로 해 나가기도 한다. 자녀가 감당하는 부모 역할이란 자기 자신이나 형제에게 부모가 주지 않는 보호와 양육을 제공하는 것을 말하기도 하고, 더 나아가 자녀가 오히려 부모의 마음을 위로하고 배려하며 부모를 위해 자신의 욕구나 감정은 뒤로 미루는 것을 말한다. 부모 역할을 하는 자녀는 한참 뛰어놀아야 할 나이에 스스로 자신을 챙기고 어린 동생을 돌보며 부모가 해야 할 일을 대신한다. 술에 취해 있는 부모를 돌보고, 부부싸움 후 우울해하는 부모를 위로하는 것도 아이의 몫이다. 가장 역할을 하지 않는 아빠를 대신해 엄마와 함께 집안의 대소사를 결정하기도 하고, 술에 취해 일어나지 않는 엄마를 대신해 아빠의 저녁상을 챙기기도 한다.

이러한 경험은 자녀에게 역경에 대처하는 강한 회복력과 긍정적인 정체감을 주기도 한다. 하지만 그보다 지나친 책임감이나 심리적 압박감을 경험하고, 자신이 원하는 것이나 감정을 참는 법부터 먼저 배우게 되는 경우가 더 많다. 그리고 오랫동안 이렇게 외면당한 욕구나 감정은 어느새 완전히 잊혀서 자신이 무엇을 원하는지, 지금 느끼는 감정이 무엇인지 자기 자신조차도 알 수 없는 지경이 된다. 무엇보다 어린 나이에 어른의 역할을 감당하느라 그 나이에 해야 할 많은 발달과업을 놓친 채 어른이 되게 만든다. 어렸을 때부터 애어른으로 살아야 했던 아이는 어른이 되어도 여전히 성장하지 못한 아이로 머물게 되는 아이러니를 경험한다. 어릴 때의 애어른과 어른이 된 후의 성인아이는 결국 같은 말이다.

착하다고 건강한 것은 아니다

알코올중독가정의 자녀가 문제를 일으키지 않는다고 해서 잘

출처: 문경회복센터 홈페이지. 이정미 그림.

적응하고 있는 것은 아니다. 중독가정의 자녀가 어른이 되기 전에 문제를 일으키는 경우는 오히려 많지 않다. 이들은 온갖 핑계를 대며 술을 마시는 중독자와 그로 인해 분노나 우울에 휩싸여 있는 배우자로 인해 무겁고 혼란스러운 집에서 살아남기 위해 자기만의 생존 전략을 발달시키며, 오히려 잘 적응하는 것처럼 보이는 경우가 더 많다. 어떤 아이는 부모님을 기쁘게 하고 집안을 일으키기 위해 공부를 월등히 잘하거나 칭찬받는 모범생이 될 것이다. 그래서 부모가 의지하고 기댈 수 있는 의젓한 아이로 부모의 자랑이 될 것이다. 또 어떤 아이는 무거운 집안 분위기를 바꾸기 위한 애교와 발랄함으로 부모의 기쁨이 되기도 할 것이다. 어떠한 말썽이나 문제로 일으키지 않음으로써 부모의 힘겨움을 덜어 주며 조용히 수월하게 자라는 아이도 있을 것이다. 물론 말썽을 부리며 가족 안에서 또 다른 희생양 역할을 하는 아이도 있을 것이다. 그리고 부모는 이러한 말썽꾸러기만 문제이지, 다른 아이들은 걱정할 게 없다고, 정말 잘 자라고 있다고 여길 것이다.

하지만 자랑스러운 아이가 주변의 기대에 부응하기 위해 얼마나 자신을 닦달하는지, 발랄한 아이의 웃는 가면 뒤에 어떤 두려움과 불안이 숨어 있는지, 조용한 아이는 사실 얼마나 외로운지, 부모는 물론 주변의 어느 누구도 모를 수 있다. 그저 부모의 중독이라는 환경 속에서도 잘 자라고 있다고 안심하고 있을 것이다. 차라리 말썽꾸러기가 되면 주위 어른의 눈에 띄고 도움을 받을 수 있는 기회라도 가질 수 있다. 하지만 잘 적응하고 있는 것처럼 보이는 착한 아

출처: 문경회복센터 홈페이지. 이정미 그림.

이는 자신의 힘겨움과 아픔을 숨긴 채, 또는 자기조차 자신의 힘겨움과 아픔을 알아차리지 못한 채 어른이 되어 갈 것이다. 어린 시절 혼란스러운 가정 안에서 가족과 자신을 위해 착하게 살아왔던 이들은, 어른이 되어 자신의 가정과는 다른 세상을 살아가며 점차 자신의 힘겨움을 드러낼지도 모른다.

내가 더 이상하다고?

알코올중독자의 아들 R은 요즘 들어 동생이 너무 걱정스럽다. R은 어린 시절부터 어머니가 살아야 할 이유이자 아버지의 자랑거리였다. 언제나 부모님의 마음을 살피며 어떻게든 두 분을 기쁘게 하고자 노력했다. 두 분이 다툴 때마다 나가서 중재를 했고, 속상해하는 어머니를 위로했으며, 술에 취한 아버지를 돌보았다. 그리고 어린 동생들까지 챙기면서 악착같이 공부를 했다. 학교에서는 물론 주변 친척들과 이웃들도 이런 R의 모습이 대견하다는 칭찬과 함께 R이 조금이라도 힘겨워하는 모습을 보이면 "너까지 이러면 너희 엄마 못 산다."라며 R을 다그쳤다. R 역시 자신까지 실망스러운 모습을 보이면 아버지가 술을 더 드실까 봐, 어머니가 더 우울해하실까 봐 두려웠기에 그 기대에 어긋나지 않게 죽을힘을 다해 버텨 왔다. 그래도 지금까지는 잘 살아왔다. 모범생으로, 의젓한 장남으로 집안의 기둥이 되어 왔다. 가끔 힘에 부치기도 하지만 여기서 주저앉을 수는 없다. 보란 듯이 성공해서 우리 가족을 손가락질하던 친척이나 이웃들이 더 이상 우리를 무시할 수 없게 만들 것이다.

그에 비해 바로 밑의 동생은 언제나 말썽꾸러기였다. 툭하면 아버지에게 대들어 화를 돋웠고, 어머니에게도 화를 내곤 했다. 집 밖으로 돌며 친구들과 어울렸고, 집에 들어오지 않는 날도 많았다. 형으로서 부모를 대신해 동생에게 잔소리를 하고 때로는 매를 들기도 하면서 동생을 바로잡으려 해 봤으나 그럴수록 동생은 더 밖으로 나돌았다. 이런 동생이 전혀 이해되지 않았던 R은 때마침 학교에서 심리학 수업을 듣고는 동생에게 심리검사를 통해 자신의 문제를 알게 해 주고 싶다는 생각을 했다. 마침 집 근처에 심리상담센터가 있었고, 안 가겠다는 동생을 억지로 끌고 가 형제가 함께 심리검사를 받았다. 동생이 얼마나 잘못 살고 있는지, 왜 형인 자기 말을 들어야 하는지를 알려 주고 싶었다.

하지만 결과는 전혀 예상 밖이었다. 심리검사를 해 준 전문가는 동생은 어느 정도 건강한 심리상태를 유지하고 있지만, 오히려 R의 심리상태가 위험한 상황이라고 말해 주었다. 자신을 너무 억누르고, 채찍질하고 있으며, 불안과 우울 수준이 아주 높다고 일러 주었다.

이러한 결과를 R은 도저히 받아들일 수가 없었다. 자신은 지금까지 너무나 잘해 왔고, 모두의 칭찬을 받아 왔기에 자신에게는 아무런 문제가 없다고 여겨 왔기 때문이다. 오히려 가족 모두의 걱정거리였던 동생이 더 멀쩡하다니. 도대체 내가 뭐가 문제인 걸까?

술에 대한 겉으로 드러난 생각과 숨겨진 생각

알코올중독가정의 자녀는 많은 경우 중독자인 부모를 보며 성장하는 과정에서 자신은 절대 술은 마시지 않을 것이며, 술을 마신다 하더라도 중독자인 부모처럼은 되지 않을 거라고 다짐한다. 하지만 생각보다 많은 자녀가 중독자인 부모의 뒤를 이어 중독의 문제를 갖게 된다. 이는 부모의 중독으로 인해 형성되는 양육환경과 유전적 영향 등 다양한 이유 때문인 것으로 보인다.

그 이유 중 하나가 중독가정 자녀들이 술에 대해 가지고 있는 왜곡된 믿음이다. 어린 시절부터의 경험을 통해 보고 배운 것이 결코 가볍지 않아서 이들은 술을 마시는 부모의 모습을 보며 자신도 알게 모르게 술에 대한 왜곡된 믿음으로 프로그래밍 된다. '술 없이는 사람들과 친해질 수 없다.' '술 없는 일상은 지루하다.' '스트레스 해소에는 술이 최고다.' 하는 얘기들은 중독자인 부모를 보며 자라는 과정에서 너무나 자연스럽고 당연했기에 자신에게 이러한 믿음이 존재한다는 것조차 의식하지 못한 채 일상을 살아간다.

의식적으로 드러나 있는 '난 절대 술 마시지 않을 거야.'라는 다짐에도 불구하고, 중독가정 자녀들이 어린 시절부터 형성한 이러한 믿음은 은연중에 자신에게 술을 권유한다. 중독자가 될 생각은 추호도 없지만 스트레스를 풀어야 해서, 사람들을 만나야 하니까, 좀 즐겨야 해서, 오늘은 어쩔 수 없이 술을 마셔야 한다. 때문에 중독가정 자녀들이 술에 대해 갖는 생각은 이중적이다.

그러면서도 이들은 지금 현재의 자기 모습이 중독자인 부모의 모습과는 다르니 괜찮다고 안심한다. 이제 막 술을 마시기 시작한 자신의 모습을, 이미 중독이 상당히 진행되어 심각한 중독자이자 몇십 년의 음주 기간 차이가 나는 부모와 비교하는 오류를 범한다. 이대로 술을 마시면 몇십 년이 지나 부모의 나이가 되었을 때 자신이 어떤 모습일지는 감히 생각하지 못한다.

동생을 사랑하는 방법

　S는 동생을 많이 아꼈다. 엄마는 술을 많이 마셨고, 아버지는 그런 엄마를 구박하고 폭력을 휘둘러 언제나 집안은 공포 분위기였다.
　S는 자꾸 엇나가는 것 같은 동생이 너무 걱정되었으며, 동생이 잘 되기를 그 누구보다도 원했다. 하지만 지금 자신의 눈에 동생은 너무나 위태로워 보였다. 공부도 안 하고, 친구들 하고 어울리며 집에도 잘 들어오지 않았다. 그런 동생이 안타까워 동생을 찾아다니고, 동생 친구들에게 전화를 걸어 가며 동생을 보살피려 하였다.
　하지만 S가 그렇게 할수록 동생은 더욱 언니를 멀리하고 심지어 화를 내기까지 했다. S는 그런 동생이 전혀 이해되지 않았고, 이 모든 게 나쁜 친구들 때문이라는 생각에 동생이 친구를 만나러 나가지 못하게 방에 가두기도 했다. 하지만 이 자매의 관계는 점점 나빠져만 갔다.
　S는 알지 못했다. 자신이 동생을 사랑하기 때문에 동생을 위해 열심히 잔소리를 하고, 과도하게 간섭하고, 심지어 폭력까지 행사하고 있다는 것을. 자신이 생각하는 방식으로 동생을 위한 언니 노릇을 해 왔다는 사실을 알지 못했다. 그리고 이 모습은 술을 마시는 엄마에게 아버지가 하는 방식과 아주 많이 닮아 있다는 것도 알지 못했다. 그저 자신은 동생을 아꼈고, 동생이 잘되기를 바랐고, 그래서 자신만의 방식과 방향으로 동생을 끌고 가려 했을 뿐이다. 이는 S가 할 수 있는 최선의 사랑이었다.

알코올중독자의 부모

　최근 젊은 층의 중독이 늘어나는 추세다. 알코올뿐만 아니라 마약, 도박중독 등도 저연령화되고 있다. 중년 또는 노년의 알코올중독자를 떠올리게 되던 예전과 달리, 최근 중독 현장에서 심심치 않게 만나게 되는 젊은 중독자(남녀를 불문한)는 알코올중독이 성별은 물론 연령의 편견을 뛰어넘고 있음을 보여 준다. 젊은 알코올중독자의 옆에는 이들과 함께 힘겨워하는 부모가 있다. 부모 역시 중독자인 자녀와 상호 간에 많은 영향을 주고받고 있다. 하지만 이들 부모의 경험은 중독자의 배우자나 자녀의 경험과는 조금 다른 양상을 보이기도 한다.

자식을 잘못 키웠다는 좌절감과 과도한 책임감

　부모가 자녀의 중독을 인정하는 것은 배우자의 중독을 받아들이는 것보다 더 어려울지 모른다. 어쩌면 중독자 자신이 스스로의 중독을 인정하는 것보다 부모가 자녀의 중독을 더 강하게 부정할 수도 있다. 자녀를 잘 키우는 것이 곧 부모의 성공이 되는 한국사회에서 자녀의 중독은 곧 자식을 잘못 키웠다는 부모로서의 역할 실패를 의미하는 것이고, 자신의 삶이 송두리째 잘못되었다는 판정을 받는 것으로 인식하는 경우가 있기 때문이다. 부족한 부모라는 수치심과 낙인은 자녀의 중독을 인정하고 도움을 요청하는 데 큰 장애가 될 수 있다. 그리고 이는 자녀의 중독이 심화될 때까지 문제를 부인하거나 부적절한 대응을 하게 되는 이유가 되기도 한다.

하지만 더 이상 자녀의 중독을 부정할 수 없는 상황에 직면할 때, 자녀의 문제 없음을 변호하던 부모의 맹목적인 저항은 부모로서의 자기 자신에 대한 집요한 꼬투리 잡기로 전환된다. 자녀의 중독을 인정하는 많은 부모는 자신이 그 원인이라는 불행한 확신을 갖는 경우가 많다. 자신이 부모로서 하지 말았어야 하는 것을 했거나('그때 하기 싫다는 공부를 그렇게 억지로 시키는 것이 아니었는데…….' '그때 그렇게 야단을 치지 말았어야 했는데…….' 등), 또는 했어야만 하는 것을 하지 못해서('그때 아이 편을 들어 주어야 했는데 그러지 못해서…….' '그때 아이가 힘든 것을 미리 알았어야 했는데 알아주지 못해서…….' 등) 자녀가 중독으로 빠져들었다고 질책한다. 털어서 먼지 안 나는 사람 없다지만, 자녀를 양육하는 과정에서의 자기 잘못을 찾아내고자 하는 부모의 치열하고도 집요한 취조는 결국에는 그럴듯한 이유를 찾아내고, 이를 중독과 연결 지음으로써 스스로 죄인이 된다.

먹고살기 바빠 아이를 충분히 돌보지 못했다는 자책, 미숙하고 서툴렀던 부모로서의 후회되는 실수들, 어린 시절 부모로부터 자신의 감정을 충분히 공감받아 보지 못했기에 아이의 마음을 제대로 알아주지 못했다는 회한, 배우자에 대한 실망과 아쉬움을 자녀에게 보상받고자 했던 과도한 기대가 얼마나 아이에게 무거웠는지를 알지 못했다는 통한, 혼란스러운 생각들과 밀려오는 온갖 감정에 부모로서 애쓰고 노력했던 그간의 시간이 모두 부정당한다.

하지만 부모이기에 주저앉을 수는 없다. 이러한 잘못을 만회하기 위해서라도 중독자인 자녀를 어떻게든 회복시키고야 말겠다는 새로운 전력투구가 시작된다. 이는 중독자인 자녀에 대한 새로운 집착으로 이어지고 부모와 자녀 사이의 경계는 완전히 무너진다. 자신을 챙기고 돌볼 겨를 없이 모든 것을 내던진 채 중독자인 자녀에게 부모의 시간과 관심과 에너지와 돈을 비롯한 모든 것이 집중되고, 그 과정에서 부모의 삶은 점차 황폐화되어 간다. 더 안타까운 것은 자신을 돌보는 것을 포기한 채 자녀의 중독문제에 매달리는 부모의 과도한 죄책감은 오히려 자녀의 중독문제를 악화시키는 역주행이 될 수 있다는 것이다.

최선을 다한 과잉보호의 역풍

어떤 부모들은 자녀의 중독을 마주하며 도대체 무엇이 문제인지 당혹스러움을 경험하기도 한다. 그 누구보다 최선을 다해, 자신의 모든 사랑을 쏟아부어, 누구보다 제대로 잘 키웠다고 생각했는데 어느 순간 중독자가 되어 자신 앞에 선 자녀는 도대체 무엇이 잘못된 건가에 대한 받아들일 수 없는 질문을 던진다. 자녀 때문에 어쩔 수 없이 참석하게 된 가족 교육에서 자신이 변화되어야 함을 고백하는 다른 가족들의 모습을 보며, 도대체 왜 자신이 이 자리에 있어야 하는지 억울하고 어이가 없을 뿐이다. 누구보다 잘 하고 있다고 굳게 믿었고 할 수 있는 최선을 다했기에 자식을 위해 달라져야 한다는 그들의 말은 뭘 제대로 알지도 못하면서 하는 쓸데없는 참견쯤으로 들리기도 한다.

하지만 어느 순간 자신이 아낌없이 주었던 사랑이 진정 자녀를 위한 사랑이었다기보다는 스스로가 정한 틀에 맞춰진 자기만족적인 사랑이었음을 알아차리게 된다. 애정으로 포장된 집착, 부모로서의 안내 또는 훈육이라고 생각했던 간섭과 잔소리, 보호라고 생각했던 통제였을 수도 있다. 부모가 그려 놓은 행복하고 완벽한 삶의 그림에 자녀를 끼워 맞추며 '다 너를 위한 것'이라고 굳게 믿었을 수 있다. 어쩌면 영원히 자라지 않는 아기로 만들어 인형 놀이를 지속하고 싶었는지도 모른다. 너무나 소중해서 그랬다며 자녀가 스스로 선택하고 결정할 기회를, 실패하고 배울 기회를, 책임지고 성장할 기회를 빼앗아 버렸을 수도 있다.

마음은 자라지 못한 채 몸만 커버린 자녀가 자신의 미숙함을 들킬까 하는 불안과 두려움을 달랠 수 있는 마법, 늘 안전하지만 정해진 길로만 가야 했던 자녀가 스스로의 답답함과 무력감을 해소할 수 있는 마법, 그건 술이었을 것이다. 그것은 어쩌면 부모의 최선을 다한 과잉보호에 대한 자녀의 항변이었을지 모른다.

중독자가 아닌 또 다른 자녀의 아픔

미우나 고우나 중독의 문제로 힘겨워하는 자녀는 부모에게 유난히 아픈 손가락이 된다. 그리고 아픈 손가락은 부모의 모든 관심과 시간과 물질적 지원까지 모든 것을 블랙홀처럼 빨아들인다. 특히 자녀에 대한 죄책감과 책임감으로 자녀의 중독문제에 집착하게 될 때 부모 자신의 삶도 사라질 만큼 부모의 모든 에너지는 중독자인 자녀에게 집중된다.

　이러한 부모와 중독자 형제 사이에서 묵묵히 상황을 견뎌 가는 또 다른 자녀가 있을 수 있다. 중독자인 형제와 부모와의 갈등, 형제의 중독문제로 인해 발생하는 온갖 문제, 지치고 상처 입은 부모의 얼굴, 이 모든 것을 바라보는 또 다른 자녀의 마음은 복잡하다. 부모의 관심에서 소외된 상황이 이해도 되지만 서운하기도 하다. 혼란스러운 집에서 당장이라도 벗어나고 싶기도 하지만 배신자가 되는 듯한 죄책감이 발목을 잡는다. '너까지 그러면 안 된다.' '너만은 잘 살아야 한다.'는 과도한 기대는 관심보다는 부담으로 느껴진다.

　자녀의 중독 앞에서 부모는 당장 떨어지는 발등의 불을 끄느라 한쪽에서 조용히 한숨짓는 또 다른 자녀를 놓치기 쉽다. 그 자녀까지 관심을 주고 마음을 살피기에 너무 지치기도 했다. 하지만 그러다 문득 눈에 들어온 자녀의 모습에 또 다른 결의 죄책감과 부모로서의 실패감이 몰려든다. 열 손가락 깨물어 안 아픈 손가락 없다지만, 너무 아파 정신을 온통 빼앗은 그 손가락이 아닌 다른 손가락 역시 아프다는 것을 알게 된다. 나아가 문득 '저 아이도 술을 마시면 어떡하지?' '문제가 생기는 건 아닐까?' 하는 두려움과 불안이 스친다. 그리고 이는 자녀에 대한 과도한 통제로 이어지기도 한다. 자녀는 자녀대로, 부모는 부모대로 아프다.

적일까, 한편일까? 어머니와 아버지의 자리

자녀의 중독 앞에 부모는 긴밀히 협력해야 할 한 팀이지만, 아버지와 어머니가 서로 다른 노선을 취하는 경우는 심심치 않게 발견된다. 부모가 힘을 합쳐 대응해도 모자랄 판에 서로에게 문제의 책임을 떠넘기며 서로를 비난하기도 하고, 자녀에 대한 서로 다른 태도와 역할을 고집하며 서로에게 방해가 되기도 한다.

특히 자녀 양육에 대한 일차적인 책임을 강요받는 어머니는 자녀의 문제 앞에서 아버지와는 다른 자리에 놓이게 된다. "애 이렇게 될 동안 엄마는 뭐 했어?"라는 말은 다른 누구도 아닌 아버지의 입을 통해 가장 많이 등장한다. 사실 다른 누구의 말이 문제가 아니다. 그 누구보다 어머니 스스로가 자신에게 부과하는 책임으로 무겁다. 어머니에게 자식은 잘못을 논하고 분노할 수 있는 타인이 될 수 없다. 차라리 자녀 옆에서 잘못의 추궁과 분노의 타박을 함께 견디는 편이 낫다.

이 과정에서 어머니는 아버지를 비롯한 세상 전체와 맞서 중독자인 자녀와 둘만의 은밀한 동맹을 맺기도 한다. 아버지의 눈을 가리고 자녀의 술 문제를 감춰 주거나 사고 친 것을 몰래 해결하려고 애쓰며 홀로 고군분투하기도 한다. 물론 이는 자녀의 중독을 해결하는 데 도움이 되지 않는다. 자녀의 중독은 점차 심화되어 가고, 아버지를 비롯한 주변의 추궁은 더욱 거세지는 과정에서 어머니는 점점 지쳐 간다.

11
회복과 가족

회복 과정에서 경험하는 것

회복 중인 중독자와 가족의 동상이몽(同床異夢)

단주를 시작하면 알코올중독자와 가족 모두 장밋빛 미래를 꿈꾼다. 그리고 처음 한동안은 장밋빛 미래가 실현되는 듯 보인다. 이제는 아무런 문제없이 행복만이 계속될 거라 생각한다. 단주 후 중독자는 그동안 술을 마시며 가족을 힘들게 한 것을 미안해하며 가족에게 최선을 다할 것을 다짐한다. 가족은 중독자가 술을 마시지 않는다는 것만으로도 더 바랄 것이 없다고 만족하며, 다시는 술을 마시지 않도록 애지중지 보살핀다. 하지만 가족 모두의 행복한 '이벤트'였던 단주가 조금씩 일상이 되어 갈 때쯤, 서로를 향한 감사와 배려는 점차 서로를 향한 기대와 요구로 바뀌기 시작한다.

중독자는 '가족을 위해(?)' 단주라는 어려운 일을 해낸 자신에게 가족이 항상 감사하고 칭찬하며 인정해 주기를 기대하고 자신은 그저 단주에 전념할 수 있기를 바란다. 반면, 가족은 중독자가 그간 자신들의 희생과 헌신에 대한 감사와 미안함으로 충분히 보답해 주기를 바란다. 서로에게 줄 것보다는 받을 것을 계산하며 각자 서로가 채권자임을 주장한다. 그리고 이는 서로에 대한 분노와 원망으로 바뀐다. 중독자는 술을 끊어도 변함없는 자신의 존재감에 좌절하고, 가족은 중독자가 술을 끊어도 달라지지 않음에 절망한다. 감사가 불평으로 바뀌는 순간 재발은 코앞에 와 있다.

술 없는 낯선 세상

알코올중독자가 술을 끊는다는 것은 중독자에게만 새로운 경험이 아니라 가족 모두에게도 새로운 세상이 열리는 사건이다. 알코올중독자 가족의 중심에는 술과 알코올중독자가 놓여 있다. 술은 가족의 의사소통과 의사결정, 가족의 역할과 규칙 등 모든 것에 영향을 미치고 있다. 가족이 외식을 하러 갈 때에도 중독자의 음주를 고려하고, 가족의 중요한 행사에도 중독자의 음주가 어떠한 영향을 미치게 될지를 걱정한다. 가족의 기분과 안녕을 좌우하는 중요한 요인도 중독자의 상태이며, 중독자를 중심으로 가족 각각의 역할이 결정된다. 가족들은 술만 아니면 가족에게 아무런 문제가 없으며, 술만 빠지면 모든 것이 잘될 것이라 생각하지만, 가족의 중심에 놓여 있던 술이 빠지는 순간 가족의 모든 것은 엄청난 지각변동을 일으킨다.

　가족은 자신의 익숙한 역할과 규칙을 바꿔 가야 하는 상황에 직면한다. 언제나 중독자 어머니를 돌봐 주는 역할을 하던 딸은 자신이 돌봐야 할 존재가 사라지면서 할 일이 없어지고, 중독자에 대한 분노를 표출하며 문제행동을 일으키던 아들은 더 이상 자신의 문제행동에 대한 핑계가 없어지게 된다. 저녁마다 벌어지던 익숙한 풍경이 바뀌면서, 중독자의 음주 여부에 신경을 곤두세우며 불안과 기대, 실망과 분노, 두려움과 모든 일이 마무리된 후의 안도 등으로 이어지던 가족의 감정 시나리오는 새롭게 쓰여야 한다. 술에 대한 논쟁으로 이어지던 부부간 대화는 술을 대체할 화제를 찾지 못하고, 맨정신에서는 침묵하고 음주상태에서는 잔소리로 이어지던 자녀훈육 또한 어찌 해야 하는지 막막하기만 하다.

　중독자 가족은 중독자가 술을 마시던 상황이 힘들고 괴롭지만 익숙했고, 어떻게 대처해야 하는지 잘 알고 있었다. 오히려 술이 빠져나간 가족의 일상은 생각보다 많은 것이 바뀌고, 이러한 상황은 낯설고 어색하다. 가족 역시 이러한 상황에서 새롭게 배우고 적응하며 변화해 나가야 하지만 이는 중독자가 술 없는 삶에 적응해 나가는 것만큼 쉽지 않은 일이다. 그러기에 중독자가 술 없는 삶을 위해 노력하는 만큼이나, 가족 역시 노력해야 하는 일이다.

알코올중독자의 회복을 돕기 위해 가족이 기억해야 할 것

가족이 함께 치료에 동참하라

중독의 진행과 회복에 있어 가족의 역할은 절대적이다. 가족이 함께 변하지 않는다면 단주를 해 가는 중독자는 몇 배 더 힘이 든다. 무엇보다 가족이 변하지 않을 때 중독자가 술을 끊기는 너무나 어렵다.

하지만 대부분의 가족은 자신이 변해야 할 필요성을 느끼지 못한다. 이들은 '우리 가족의 모든 문제는 술을 마시는 저 사람으로 인한 것이기에 저 한 사람만 변하면 우리 가족에게는 아무 문제도 없다.'고 생각한다. 그리고 전혀 변하지 않는 가족 안에서 계속 재발하는 중독자를 보며 중독자는 어쩔 수 없다고 탓하기 쉽다. 하지만 가족 전체가 오랫동안 익숙한 역기능적 상호작용을 유지하는 상황에서는 그동안 술을 마시는 것으로 상호작용의 한 축을 담당했던 중독자의 음주가 중단되기 어렵다.

단주가 시작되었다고 해서 가족의 노력이 끝나는 것은 아니다. 가족에게는 변화에 저항하여 항상 일정한 상태를 유지하고자 하는 항상성(恒常性)이라는 것이 존재한다. 중독자의 단주는 오랫동안 중독자를 중심으로 익숙해진 가족에게 거대한 변화를 일으킨다. 가족들은 불편했지만 익숙했던 생활 방식을 잃게 되고, 역기능적이었지만 고착되었던 규칙과 역할을 잃어버리게 된다. 충분히 예상 가능했던 익숙한 시나리오는 낯설고 새로운 상황들로 대체된다.

이러한 변화는 원하던 것이었고 긍정적인 변화라 하더라도 저항을 불러오게 된다. 가족은 중독자의 단주는 원하지만 그의 단주가 야기하는 가족 전체의 변화는 불편하다. 하지만 분명한 것은 가족 전체가 변하지 않는 상황에서 오직 중독자만이 변한다는 것은 불가능하다는 것이다.

이러한 이유로 가족은 함께 변해 나가야 하며, 그러기 위해서는 중독자와 함께 치료에 동참하는 것이 필요하다. 알코올중독을 이해하고 긍정적 대처를 할 수 있도록 가족 교육에 참여하는 것이 좋다. 부부관계나 가족관계의 회복을 위한 부부상담, 가족상담 등에 참여하는 것도 좋은 방법이다. 가족이 건강한 지지체계로서의 역할을 해 나갈 수 있을 때, 중독자의 회복은 물론 가족 전체의 회복이 이루어질 수 있다.

T 씨의 귀향

T 씨는 이제 병원에서 퇴원하여 단주를 시작한 지 6개월 정도가 되었다. 퇴원 후 중독자 재활시설에서 생활하며 사회에 복귀할 준비를 하던 중에 명절을 맞아 명절기간 동안 집에서 가족과 함께 생활하기로 했다.

T 씨는 기대와 설렘을 안고 집으로 돌아갔다. 생각했던 것처럼 단주하는 T 씨를 가족은 반갑게 맞아 주었고, 이제는 가족 모두가 아무런 문제없이 행복하게 살아갈 것이라는 기대를 나누며 모두 즐겁

게 명절 준비를 시작했다.

하지만 시간이 가면서 T 씨는 조금씩 불편함을 느끼는 자신을 발견했다. 딱히 이유가 있는 것은 아니지만 마음이 불편해지면서 짜증이 올라오기 시작했다. 그런 자신의 마음을 다독여 보려 했지만 점점 더 불안하고 안절부절못하고 있었다. 급기야 이러다 다시 술을 마실 것 같은 두려움에 그는 AA모임의 후원자에게 전화를 걸었고, 한참의 통화 끝에 그 이유를 알았다.

T 씨는 자신만 바뀌면 가족과 아무런 문제없이 행복하게 지낼 수 있을 거라 생각했다. 하지만 자신이 술을 마시지 않는 것만 변했을 뿐 가족의 분위기나 의사소통 방식, 그 안에서 자신이 느끼는 불편함 등 가족 안에서의 자신의 경험은 단주 이전과 동일하게 반복되고 있었다. 그리고 과거에 그런 상황에서 항상 술로 도망갔던 것처럼 T 씨는 다시 술에 대한 강한 갈망을 느끼게 된 것이다. 이를 알게 된 T 씨는 2박 3일 동안 가족과 함께 명절을 보내려던 계획을 바꾸어 하루만 함께 시간을 보낸 후 다시 재활시설로 돌아갔다.

불안과 의심을 떨쳐 버리라

알코올중독자가 술을 끊는다고 해도 가족은 이를 쉽게 믿을 수 없다. 이미 여러 번 단주를 약속하고 다시 술을 마시는 모습을 보아 왔고, 그때마다 기대와 실망을 거듭해 왔기에 중독자의 단주 선언을 있는 그대로 받아들이기 어렵다. 그 때문에 가족은 단주를 간절히 바라는 만큼, 이 단주가 언제 깨질 것인가에 대한 불안으로 중독자를 주시하게 된다. 가족의 불안이 중독자에 대한 의심의 시선으로 드러나는 것이다.

중독자가 귀가하면 혹시나 술을 마신 것은 아닌가를 확인하기 위해 주변을 맴돌고 안색을 살핀다. 예정보다 조금만 늦게 집에 들어와도 어딜 다녀왔는지 꼬치꼬치 캐묻는다. 중독자는 술 냄새를 확인하려 다가오거나 몰래 술을 마셨는지 살피는 불안한 눈초리를 느끼며 자신의 노력이 의심받는 것에 대해 기분이 상한다. 그리고 자신을 믿어 주지 않는 가족에 대한 원망은 단주 의지를 꺾고 재발로 이어지게 할 수도 있다.

가족의 불안은 당연한 것이다. 오랫동안 기대와 실망을 반복하며, 이번만큼은 단주하기를 바라는 마음과 이번이라고 다르지 않을 거라는 회의 사이에서 불안은 증폭된다. 하지만 이러한 불안을 의심에 찬 눈으로 중독자를 감시하는 것으로 해소하려고 하면, 중독자나 가족 모두에게 해가 될 뿐이다. 의심하고 감시한다고 해서 불안이 사라지지도 않을뿐더러 재발을 피할 수 있는 것도 아니다. 그보다는 이러한 불안을 자조모임이나 전문가의 도움을 통해 해소하려고 노력하며 중독자에게 신뢰를 보여 주는 것이 재발을 피할 수 있는 더 좋은 방법이다.

아버지와의 통화

U의 아버지는 오랫동안 재발을 반복해 온 알코올중독자다. 셀 수 없이 여러 번 단주를 시도하고, 얼마 후 재발하는 것이 10년 넘게 이어졌다. 그러다가 정말 이번만은 다르다는 호언장담과 함께 시작된

단주는 10개월을 넘기고 있었다. 가족은 이미 너무나 많이 기대와 실망을 반복했기에 더 이상 기대도 없다는 마음과 동시에 이번만은 정말 뭔가 다르지 않을까 하는 조심스러운 기대로 아버지를 지켜보고 있었다.

분명 이번에는 지난번보다 오랫동안 단주가 이어지면서 가족의 기대도 점점 커지고 있었다. 가족과의 관계 회복을 위한 노력도 함께하며 모두가 애쓰고 있었다.

집에서 독립해 따로 살고 있는 U는 요즘 퇴근길마다 아버지에게 전화를 해 서로의 하루 일과를 나누고 있었다. 이전에는 이렇게 아버지와 대화를 나누어 본 경험이 별로 없어서 U에게는 새로운 경험이었고, 이제는 아버지와의 관계가 많이 회복되는 것처럼 느껴져 이런 자신이 뿌듯하기도 했다. U는 평상시 자신의 모습과는 다르게 명랑한 목소리로 아버지에게 다정하게 말을 걸며 자신이 좋은 딸 노릇을 하고 있다고 여기고 있었다. 하지만 전화를 걸 때마다 이해할 수 없는 묘한 불안을 느끼고 있다는 것은 스스로 의식하지 못하고 있었다.

그날도 여느 때처럼 퇴근길에 아버지에게 전화를 걸었다. 전화를 받는 아버지의 목소리가 평상시와 다르게 잠겨 있었고 자신의 전화를 반기지 않는 것 같았다. 순간 U의 머릿속에는 '아버지가 술을 마셨구나!' 하는 생각이 번개처럼 지나가면서, 오히려 차분해진 기분으로 자신이 어떻게 대처해야 할지에 대해 일련의 생각이 정리되고 있었다. 하지만 U의 아버지는 자신이 감기에 걸려 약을 먹고 잠을 자고 있었다고 말해 주었다. 통화를 마치며 U는 자신이 매일 저녁 아버지와 통화했던 것이 아버지와의 관계가 좋아졌기 때문이 아니라 아버지의 음주 여부를 확인하기 위한 과정이었으며, 그 전화를 마치고 나서야 자신의 불안이 조금은 해소되곤 했음을 알게 되었다.

욕심을 버리라

알코올중독자가 술을 마실 당시, 가족은 중독자가 술만 끊어 준다면 더 이상 바랄 것이 없다는 생각을 한다. 하지만 정작 단주를 하고 나면 가족의 바람은 점점 커진다.

가족은 알코올중독자가 술을 끊는 것이 결코 쉽지 않은 과정임을 이해해야 한다. 배고플 때 좋아하는 음식을 앞에 놓고도 먹지 못하는 경험을 한 적이 있는가? 그리고 그 음식을 내일이면 먹을 수 있는 것이 아니라 평생을 못 먹는다면 어떨 것 같은가? 알코올중독자가 술을 끊는다고 하는 것은 단순히 좋아하는 음식을 못 먹는 것과는 다른 문제다. 삶의 모든 부분을 술에 의지한 채 살아왔던 알코올중독자가 바로 그 술 없이 살아가게 되는 것이다.

가족은 중독자에 대한 기대나 바람이 커지는 것을 경계해야 한다. 처음에는 술을 안 마시는 것만으로 더 이상 바랄 것이 없었겠지만 어느 순간부터 단주는 당연한 것이 되고 그 외의 어떤 것을 요구하게 될 것이다. 그 요구는 돈을 벌어 오는 것이 될 수도 있고, 집안일을 도와 달라는 것일 수도 있으며, 더 나아가 자신들이 원하는 모습의 사람이 되어 달라는 것일 수도 있다. 이런 기대나 요구는 이를 관철시키기 위한 잔소리로 이어지거나, 그것이 좌절되면 분노와 원망을 가져온다. 이는 중독자의 좌절과 분노, 그리고 결국 음주로 이어질 수 있다.

가족은 그동안 중독자와 함께 살아가며 힘들었던 만큼 그 시간을 보상받고 싶어 한다. 잃어버린 시간만큼 모든 보상을 한꺼번에

받기를 바라는데, 이는 중독자 역시 마찬가지다. 자신에게 가장 간절했던 술을 포기한 만큼, 힘겹게 회복을 하고 있는 만큼, 가족에게 이에 대한 보상을 원하게 된다. 결국 서로에게 줄 것이 없는 두 사람이 서로에게 달라고 손을 벌리는 셈이다.

이때 중독자와 가족 모두 서두르지 않는 것이 중요하다. 서두른다고 해서 빨리 이루어지는 것은 아니다. 오히려 보상받을 기회조차 잃어버릴 수 있다. 술을 마시는 것 외에 궁지에 몰린 중독자가 선택할 수 있는 것은 많지 않기 때문이다.

잔소리는 독임을 기억하라

알코올중독자가 술을 참을 수 없는 만큼, 가족은 중독자에 대한 잔소리를 참기가 어렵다. 물론 자신이 잔소리를 한다는 것을 의식하거나 인정하는 경우는 드물다. 중독자를 위한 것이라 믿으며, 이것이 자신의 사랑을 표현하는 방법이라서, 자신도 힘겹지만 어쩔수 없는 자신의 역할이라고 생각하고, 끊임없이 잔소리를 한다. 무엇보다 자신이 하는 이야기는 옳고, 꼭 필요한 말이기에 잔소리가 아니라고 주장한다. 하지만 듣는 이에게 잔소리라면 이는 잔소리인 것이다.

자신을 향한 잔소리에 순순히 그 말을 따라 줄 사람은 많지 않다. 특히 회복 중인 중독자라면 더더욱 그러하다. 자신의 '선량하고 올바른 의견(?)'을 관철시키고자 하는 가족과, 가족의 잔소리가 설령 자신을 위한 것이라 할지라도 딴지를 걸고 싶은 중독자 간의 힘겨루기는 결국 갈등과 좌절로 이어진다. 이때 가장 최악의 결과는 재발이다.

가족은 잔소리로 상대를 변화시킬 수 없음을 기억해야 한다. 잔소리를 통해 문제를 해결할 수 있었다면 그 문제는 벌써 진작에 해결되었을 것이다.

냉정하라. 그리고 책임 있는 사랑을 하라

가족이 회복 과정에 함께한다고 해서 중독자의 회복을 가족이 대신해 주는 것은 결코 아니다. 어떠한 상황에서든, 알코올중독자가 술을 마시든 단주를 하든, 그것은 중독자 본인의 몫이고 책임임을 기억해야 한다.

회복의 과정에서 중독자가 화를 내거나 힘들어하는 상황을 보이면 가족은 중독자가 다시 술을 마시는 것은 아닌가 하는 불안에 어떻게든 이들의 감정을 바꾸고 상황을 해결해 주려 노력한다. 이러한 공동의존적 태도는 중독자의 음주를 부채질할 뿐이다. 중독자가 고통스러운 감정을 경험하고 있다면, 그동안 술을 통해 외면했던 감정을 다시 직면하고 이에 대처하는 방법을 배우는 과정이니 지켜보며 기다려 주면 된다. 여러 가지 상황에 힘겨워하고 있다면 이는 자기 삶의 무게를 감당하기 위한 힘을 키워 나가는 과정이니 응원하며 믿어 주면 된다. 누구도 그 사람의 고통을 대신할 수 없고, 그 삶을 대신 살아 줄 수 없다.

냉정한 것은 무심한 것과는 다르다. 책임 있는 사랑은 관심을

출처: 문경회복센터 홈페이지. 이정미 그림.

가지되 무언가를 대신해 주지 않는 것이고, 같이 있되 집착하지 않는 것이다. 책임 있는 사랑은 믿어 주는 것이다. 지금의 모습으로만 그 사람을 판단하지 않고, 어린아이처럼 여겨 간섭하지 않으며, 자신의 잠재력을 발휘할 수 있음을 기다려 주는 믿음이다. 관심을 가지고 지켜보되, 상대가 먼저 마음을 열고 손 내밀기를 기다리는 것이다. 냉정하고 책임 있는 사랑은 노자가 말하는 무위(無爲)의 태도와 비슷하다. 지켜보되 관여하지 않고, 사랑하되 간섭하지 않으며, 보여 주되 가르치지 않고, 함께하되 강요하지 않는 것이다(조순영, 2014). 뜨거운 사랑보다 냉정하고 책임 있는 사랑이 더 힘들다. 하지만 책임 있는 사랑을 줄 때, 상대는 책임 있는 사람이 된다.

독립된 한 사람의 어른으로 존중하라

알코올중독자는 한 사람의 어른이지만, 어른으로서의 역할을 하지 않고, 어른으로서의 대우를 받지 못한다. 이는 특히 가까운 가족과의 관계에서 분명히 보인다. 술을 마시던 시절, 뭘 해도 불안하고 어설퍼 보였던 중독자의 모습은 회복을 시작한다 해도 가족의 눈에 여전히 미덥지가 않다. 중독자를 어른으로 믿어 주고 대우해 주지 않으면서, 그들이 어른으로서의 역할을 하지 않는다고 비난하는 가족도 많다. 이들은 마치 아이를 키우듯 잔소리하고 가르치면서 중독자의 모든 뒤처리를 해 주며 돌봐 준다. 회복 중인 중독자는 자신이 이제는 잘 하고 있으니, 믿고 맡겨 주기를 바라는 마음에 애를 쓰지만 이러한 관계는 단주를 한다 해도 금방 변하지 않는다.

어른 역할을 하면 어른 대접을 하겠다며 기다리기보다는 어른임을 믿고 어른으로서 대우하는 것이 필요하다. 걸음마를 배우며 혼자 걷겠다고 떼쓰던 아이도 자기가 힘들면 손을 내밀어 안아 달라고 하는 것처럼, 중독자가 어른 역할이 힘들 때면 다시 자신을 돌봐 주지 않는 가족의 죄책감을 자극할 수도 있다. 걸음마가 서툰 아이가 답답하고 안타까운 것처럼 어른 역할이 서툰 중독자의 모습을 보며 가족이 더 조급할 수도 있다. 하지만 계속해서 안아 준 아이가 걸음마를 배우지 못하는 것과 마찬가지로 어른 대접을 받지 못한 중독자는 어른이 되지 못한다. 그 사람을 위한다는 이유로 선택한 잔소리나 보살핌은 사랑으로 전달되기보다는 무시로 받아들여지며 분노를 유발할 뿐이다.

단주를 하는 것은 술을 끊는 것이지만, 회복을 한다는 것은 한 사람의 온전한 어른이 되는 과정이다. 가족은 이제 중독자의 보호자 역할을 그만두고 동등한 어른이자 인격체로 마주 설 준비를 해야 한다.

아내의 역할

V 씨의 아내는 V 씨의 옷차림 하나까지도 챙긴다. 무슨 옷을 입고, 무슨 넥타이를 맬 것인가도 결정해 준다. V 씨는 이런 간섭에 툴툴거리면서도 아침이면 속옷에서부터 양말까지 어디에 있는지도 모르고 아내를 불러 대곤 했다. V 씨와 함께 가게를 하면서 함께 출근

해야 하는 아내는 이런 V 씨의 모습에 때로는 짜증을 내고, 면박을 주기도 하지만 언제나 종종걸음을 치며 V 씨의 아침 출근 준비를 돕는다.

함께 일하는 가게에서도 아내는 사사건건 간섭과 잔소리를 한다. 무엇을 먹을지, 누구와 만날지, 누구와 만나지 말지도 참견을 한다. 중요한 결정이나 가게 운영은 모두 아내의 몫이었고, 그저 심부름이나 하던 V 씨가 실수라도 하면 "그러면 그렇지."라는 핀잔을 감내해야 했다. 집에서도 가게에서도 V 씨는 자신이 손 많이 가는 어린애처럼 느껴질 뿐이었다.

V 씨는 자신이 술을 마시고 가족에게 제대로 된 가장 노릇을 못하는 것을 알기에 이런 아내의 잔소리를 묵묵히 들었지만, 때로는 참고 참았던 울분이 폭발하며 술을 마시고 아내에게 분풀이를 하곤 했다. 그날도 주변 상인들과의 모임에서 자신에게 돌아오는 술잔을 일일이 먼저 거절해 주며 사람들 모두에게 이 사람 술 주지 말라며 나서는 아내의 모습에 잔뜩 화가 난 V 씨는 결국 술에 만취해 실수를 하고 말았다. 물론 그다음 날에는 마치 혼날 준비가 되어 있는 아이처럼 쏟아지는 잔소리를 감내해야 했다. 아내는 V 씨가 무엇을 잘못했는지 조목조목 나열하며, V 씨를 일순간에 철딱서니 없는 말썽꾸러기로 만들어 버렸다.

V 씨는 아내의 이야기가 틀린 이야기는 아님을 알고 있지만 자꾸만 작아지는 자신의 모습이 초라하고 아내로부터 멀어지고 싶은 마음뿐이다.

가족 스스로의 회복을 위해 가족이 기억해야 할 것

알코올중독과 중독자에 대한 대처 방법을 배우라

중독자와 함께 살아가는 가족은 본인이 술을 마시지 않음에도 불구하고 술의 영향력하에 살아가기 쉽다. 술에 취한 중독자로 인해 함께 롤러코스터를 탄 듯 정신없이 휘둘리며 살기 때문이다. 이들은 중독자가 술을 끊지 않는 이상 자신의 삶에서 혼란이 끝나지 않을 것이라고 생각해서 끊임없이 중독자의 술을 통제하고자 하고, 반복되는 재발에 좌절한다. 그리고 어느 순간부터 점점 더 심화되는 중독자의 행동만큼이나 점점 더 통제력을 잃어 가는 자신의 모습을 발견하곤 한다. 이성을 잃고 분노하든, 두려움에 떨며 아무 말 못 하고 당하는 초라한 모습이든, 언젠가부터 확연히 달라진 자신의 모습이 낯설게 다가온다. 어쩌면 자신도 같이 미쳐 가는 건 아닌가 하는 절망과 함께, 이 모든 것이 중독자의 탓이라는 생각에 분노가 깊어진다.

물론 중독자가 단주를 시작하며 가족이 함께 변해 나가는 것이 최선의 선택지가 될 것이다. 하지만 분명한 것은 중독자의 단주는 가족이 어찌할 수 있는 일이 아니며, 가족은 중독자를 변화시킬 수 없다는 것이다. 때문에 중독자가 계속 술을 마신다 해도 가족은 스스로 롤러코스터에서 내리는 것을 선택해야 한다.

중독자의 단주 여부와 상관없이 가족이 중독의 영향력에서 벗어나 자신의 삶을 살아가기 위해 가장 중요한 것은 알코올중독과 중독자에 대해 제대로 이해하고 자신을 사랑하며 중독자의 행동에 대한 건강한 대처 방법을 익히는 것이다. 가족은 중독자와 함께 살아온 세월을 생각하며 자신이 그 누구보다 중독자를 잘 알고 있다고 생각한다. 누군가 자신에게 조언을 하면 '나처럼 살아 봤어? 당신이 뭘 알아!' 하는 마음이 생길 수도 있다. 물론 자신보다 자기 삶에 대해 고민하고 노력하는 사람은 아무도 없다. 때문에 어느 누구도 가족의 삶에 대해 판단하고 간섭할 수 없다. 하지만 중독자와 함께 살아온 오랜 시간 동안 그렇게 노력해 왔음에도 원하던 결과를 얻지 못했다는 것은 지금까지 사용해 온 방법이 그다지 효과적이지 못했다는 뜻이다. 이럴 때는 시야를 넓혀 뭔가 다른 새로운 방법을 사용할 필요가 있다. 물론 그 어떤 것도 모든 사람에게 정답이 되는 것은 없다. 그러니 다양한 목소리에 귀와 마음을 열고 이전과는 다르게 자신을 변화시켜 나가고자 하는 노력이 필요하다.

새로운 방법을 배우는 것은 중독 관련 기관에서 이루어지는 교육과 회복을 유지해 가고 있는 가족의 경험담을 들을 수 있는 자조 모임, 아니면 중독과 관련된 다양한 책을 통해서 가능하다.

지금까지 노력한 결과가 뜻대로 되지 않았다 해도 자신의 노력이 잘못된 것은 아니다. 그 방향과 방법의 궤도 수정이 필요한 것뿐이다.

W 씨의 이중생활

W 씨는 남편과의 오랜 연애를 거쳐 결혼을 했다. 연애 때부터 남편은 술을 많이 마셨지만, 때로는 애교로, 때로는 이별 협박으로 술을 줄이겠다는 약속을 받아 내곤 했다. 물론 그 약속은 헛된 공약에 불과했지만 W 씨는 자신이 잘하면 남편이 술 마시는 것쯤은 별 문

제가 되지 않을 거라 생각했다.

    결혼 후 영업 관련 일을 하는 남편의 음주는 점점 더 심해졌고, 부부간의 갈등은 점차 심화되었다. 아침마다 술 마시지 말고 오라는 잔소리와 좀 그만하라는 언쟁이 이어졌고, 술에 취해 귀가한 후의 싸움은 시간이 갈수록 과격해졌다. 퇴근 시간이면 남편의 위치와 음주 여부를 확인하기 위해 전화를 계속했고, 언제부터인가 자신의 전화를 받지 않는 남편에 대한 분노가 애꿎은 아이들에 대한 짜증으로 이어졌다. 자신을 사랑한다면 술을 끊어 달라는 요구에는 이제 피곤하다는 남편의 한숨만 돌아올 뿐이었다. 이혼하자며 짐을 싸서 친정으로 가 보기도 했지만, 며칠 가지 않아 남편이 걱정되어 돌아온 것이 몇 번 이어지자 이제는 이혼 협박도 통하지 않았다.

    어느 날 귀가 시간이 되어도 오지 않는 남편에게 W 씨는 또다시 전화를 걸기 시작했다. 이미 자신의 전화는 받지 않을 것을 알고 있었다. 그럼에도 수십 통의 전화를 걸었고, 견디다 못해 전화를 받는 남편과 악다구니를 쓰며 싸우기 시작했다. 그러다 끊어진 전화는 이제 아예 전원이 꺼져 버렸다. 문득 새벽까지 거실을 방황하며 전화기를 붙잡고 있는 자신의 모습을 발견한 W 씨는 자신 역시 미쳐 가고 있다는 생각이 들었다. 어렸을 때부터 똑똑하고 야무지다는 소리를 듣던 W 씨였다. 지금도 학부모 모임에서는 상냥하고 자신만만한 모습으로 학부모 회장을 맡고 있었다. 어쩌면 W 씨의 절박한 노력 덕에 남들 눈에는 현모양처 아내와 대기업에 다니는 능력 있는 남편의 행복하고 남부러울 것 없는 가정으로 보였을지도 모른다. 하지만 새벽까지 충혈된 눈과 헝클어진 머리로 전화기를 붙잡고 있는 자신의 모습은 자신이 꿈꿔 왔던 모습이 아니었다.

    남편은 또다시 자신을 의부증 환자쯤으로 취급하며 그 핑계로 술에 만취해 들어올 것이 뻔했다. W 씨 역시 자신이 전화를 걸어 봤자 남편의 음주를 멈추게 할 수 없다는 것을 알고 있었다. 하지만 자신의 불안과 초조함을 달래기 위해 자신이 할 수 있는 유일한 것은 전

> 화였고, 오늘도 남편의 전화기에는 부재중 전화가 수십 통 찍히게 될 것이다. 술에서 벗어나지 못하는 남편만큼이나 W 씨 역시 발버둥 칠수록 더 깊이 빠져드는 늪에 빠진 것만 같았다.

정직하고 자신의 감정을 솔직하게 표현하라

중독으로부터 회복하기 위해서는 정직이 필요하다. 이는 가족에게도 마찬가지다. 가족 역시 정직해야 하며, 특히 감정에 솔직해야 한다.

중독자 가족은 대개 자신의 감정에 정직하지 못하다. 자신의 감정을 잘 알지 못하고 감추기 때문이다. 이들이 현재 살아가는 환경은 자신의 감정을 있는 그대로 느끼고 표현하는 것이 어려운 환경이다. 그대로 표현한다고 해도 가족이 서로 이러한 감정을 받아 줄 만큼의 여유도 없다. 모두 자신의 감정을 끌어안은 채 무거워하고 있기에 서로의 감정을 받아 줄 여유가 없고, 그렇게 표현되지 못하고 감추어야 하는 감정들은 더욱 무거운 짐이 된다.

인간의 삶을 이끌어 가는 가장 큰 힘은 감정이다. 많은 상황에서 인간은 이성적으로 생각하고 판단해서 행동하기보다는 자신의 감정이 이끄는 대로 행동한다. 생각과 감정이 다른 방향을 향할 때 인간의 행동은 감정의 방향으로 흘러가게 된다. 그러기에 자신의 삶이 이성이나 의지가 아닌 방향으로 흘러가게 되는 것이다. 숨겨지고 억눌린 감정들이 무거울수록 삶은 더욱 감정에 휘둘린다. 마치 무거운 짐을 짊어지고 걸을 때 걸음걸이가 휘청대고 똑바로 걷기 어려운 것과 마찬가지다. 감정은 표현되고 해소되어 그 무게가 줄어들 때, 더 이상 우리의 삶을 방해하지 않게 된다.

중독자 가족은 자신의 감정을 솔직하게 표현할 수 있어야 한다. 하지만 오랜 시간 자신의 감정을 숨기는 것에 익숙한 가족은 자기 감정을 인식하는 것부터가 쉽지 않다. 자기 감정을 이해하기 위해서는 먼저 감정과 관련된 자신의 신체적 변화를 알아차려야 한다. 머리가 아프거나 가슴이 답답해지는 등의 특정한 신체적 증상이 나타날 때, 우리는 어떠한 감정의 존재를 인지할 수 있다.

감정을 인식하고 표현하는 과정에서 무엇보다 중요한 것은 자신의 감정에 책임을 지는 것이다. 중독자나 그 가족은 자신의 감정에 대한 책임을 다른 사람에게 전가하는 경우가 많다. 그들은 누군가 때문에 화가 나고, 누군가 때문에 불행하다. 이 순간 자신에게 일어나는 감정은 자신의 책임이 아니라 다른 누군가의 책임이 되는 것이다. 그리고 자신을 '화나게 하고 불행하게 한' 그 사람의 도움 없이는 어떠한 것도 할 수 없는 무기력하고 수동적인 사람이 된다. 하지만 자신의 감정을 분명히 인식하고 자신의 책임으로 인정할 때, 더 이상 이러한 감정에 휘둘리는 무기력하고 수동적인 사람이 아니라 자신이 감정을 통제하는 주인이 될 수 있다. 앞서 강조했지만 감정을 알아차리고 조절하는 데는 마음챙김이 도움이 된다.

또한 감정을 표현하는 다양한 방법이 있음을 기억한다면, 자신의 부정적 감정을 표현하는 것에 대한 부담감을 덜 수 있다. 많은 경우, 분노의 감정을 억누르는 이유는 분노라는 감정을 표현하는 부정적 방식에 대한 두려움 때문이다. 폭력적이거나 과격한 표현은 분노라는 감정을 표현하기 위해 잘못 선택된 행동일 뿐, 분노라는 감정 자체가 잘못은 아니다. 우리는 습관적인 감정 표현 방식 외에 다양한 대안 중 자신에게 적절한 표현 방식을 선택할 수 있다. 그중에 특히 '나-감정 표현'이 유용하다. 누군가가 약속을 지키지 않을 경우, 심호흡을 한 후 "나는 당신이 약속을 지키지 않으니 실망하게 되고 화가 나. 앞으로는 약속을 지켜 주기 바랄게."라고 말하는 것이다. 이런 '나-감정 표현'을 자주 연습해야 인간관계에서의 갈등이 줄어든다.

나의 삶을 책임지고 나를 챙기라

알코올중독자의 가족은 중독자의 감정 상태에 따라 자신의 감정이 달라지는 삶을 살아왔다. 그리고 중독자의 행동에 따라 자신의 행복과 불행이 결정되었다. 때문에 모든 감각을 중독자의 감정과 행동에 집중했고, 자신의 감정이나 욕구는 외면했다. 그리고 자신의 행복을 보장해 주지 않는 중독자에 대한 분노를 쌓아 왔다.

하지만 자신의 행복은 다른 누구도 아닌 바로 나 자신의 책임이다. 그러기에 중독자의 가족은 스스로 자신의 삶을 행복하게 만들고 자신을 가치 있는 사람으로 만들기 위해 노력해야 한다. 자신의 모든 에너지를 쏟아 중독자를 바꾸기 위해 노력하기보다는, 그모든 에너지를 자신을 변화시키기 위한 노력에 쏟아야 한다. 관심과 노력의 방향이 상대가 아닌 자기 자신을 향할 때, 더 이상 상대의 감정이나 행동에 휘둘리지 않고, 자신의 삶이 변화되어 가는 것을 느낄 것이다.

중독자가 술을 마시는 것은 가족의 책임이 아니다. 하지만 중독자와 함께 지금의 모습으로 살고 있는 것이 바로 가족 스스로의 책임이다. '당신의 책임이다.'라는 말은 비난의 말이 아니다. 이는 '이 문제를 해결할 수 있는 키는 당신이 쥐고 있다.'라는 뜻이다.

자신의 삶에 대해 책임지는 것은 만만치 않은 일이다. 그래서 그 책임을 상대에게 떠넘기려 했을지도 모른다. 하지만 상대가 나의 삶을 책임지게 하기 위해 더 만만치 않은 일을 그동안 해 왔다. 그러느라 중독자의 가족은 그동안 너무 힘들었을 것이다. 이제는 자기 살 궁리를 하라. 그러다 보면 '함께' 살 궁리도 가능해진다.

자신이 부모임을 기억하고 행복한 부모가 되라

알코올중독자의 배우자에게는 자녀가 있을 수 있다. 하지만 언제나 자신의 모든 신경을 집중시키는 중독자로 인해 자녀의 존재는 희미해졌을지도 모른다. 아니면 내 뜻대로 되지 않는 중독자에 대한 좌절을 또 자녀에 대한 기대로 과잉보상하며 모든 관심과 노력을 집중하고 있을지도 모른다. 중독자의 배우자로 살아가는 삶은 누군가의 아빠나 엄마로 살기에 힘겨운 환경을 제공한다. 하지만 그렇다고 해서 그것이 부모로서의 역할을 소홀히 하는 핑계가 되어 줄 수도 없으며, 되어서도 안 된다.

자신이 누군가의 부모라면, 부모임을 잊지 말아야 한다. 부모로서의 역할에 최선을 다할 수 있도록 노력해야 한다. 그리고 그 최선은 자신이 아는 방식이 아닐 수도 있음을 기억해야 한다. 배우자의 음주문제를 해결하는 것이 부모 노릇보다 중요하다고 생각해 자녀가 방치되어서는 안 된다. 배우자를 대신하는 존재인 자녀에게 모든 기대와 에너지를 쏟아부으며 의존해서도 안 된다. 좋은 환경이 되어 주지 못했다는 죄책감에 자녀를 과잉보호하며 버릇을 망쳐 놓아서도 안 될 것이다. 자기가 키워진 방식만이 옳은 것이라 생각해 자신과 같은 방식으로 아이를 양육하는 것도 고민이 필요한 부분이다.

중독자의 배우자는 자녀에게 좋은 부모가 되기 위해 노력해야 한다. 좋은 부모는 저절로 되는 것이 아니다. 자신이 키워진 익숙한 방식대로 자녀들을 키운다면 자녀의 미래는 자신의 지금 모습과 크게 다르지 않을 것이다. 자녀가 자신과는 다른 삶을 살아가길 바란다면, '나는 어떤 부모여야 할까?'를 고민해 볼 필요가 있다. 자녀가 행복하게 살기를 바란다면, 그냥 자기 자신이 행복하게 살면 된다. 자녀는 부모의 말을 '듣고' 배우기보다는 행동을 '보고' 배운다. 그리고 그렇게 부모와 닮아 간다.

응급 상황인 가정폭력을 주의하라

가정폭력이 발생하는 상황은 응급 상황이다. 이것저것 따질 필요도 없고, 누구누구의 잘잘못을 가릴 필요도 없이, 그저 안전한 곳으로 자신과 가족을 옮겨야 한다. 오랜 시간 가정폭력을 겪어 온 가족이라면 그런 상황에 무뎌졌을 수 있다. 또 어린 시절부터 가정폭력을 빈번하게 경험해서 자신의 상황이 위험함을 인지하지 못할 수도 있다. 하지만 폭력은 민감한 사람이든 둔감한 사람이든 가리지 않고 누구에게나 상처를 입힌다. 그리고 가까운 사람에게서 일어나는 반복된 폭력은 인간으로서의 존엄성을 파괴한다. 가정폭력 상황에서 가족은 먼저 자신이 안전할 수 있는 방법을 찾아야 한다. 술에 취한 중독자에게 설득이나 애원, 호소는 무의미하다. 그 사람은 좋은 사람일 수 있으나 그 사람의 뇌를 잠식한 '술'은 무서운 것이다.

자신의 최선이었음을 기억하고 스스로를 다독여라

중독자와 함께 사는 지옥 같은 시간을 가족이라는 이름으로 버티어 가던 어느 날, 이런 자신의 노력이 '공동의존'이라는 이름으로, 또는 '가족의 역기능'이라는 이름으로, '건강하지 못한 대처 방법'이라는 이름으로 설명되고 있음을 보게 된다. 억울함과 어처구니없는 순간을 지나 회복의 과정 속에서 자신의 모습이 결국 공동의존이고 역기능이고 건강하지 못한 대처 방법이었음을 인정하는 순간 그 시간 동안의 버팀과 애씀이 온통 허망함과 죄책감으로 무너지게 된다. 이러한 인정과 고백을 통해 자신과 가족의 회복이 시작되고 있음에 감사하는 마음도 있지만, 동시에 자신이 잘못 살아왔음에 대한 허망함과 죄책감으로 마음이 아프다.

하지만 가족들이 반드시 기억해야 할 것은 그러한 삶이 그때는 최선이었다는 것이다. 그 당시 자신의 이해와 상황에서는 그럴 수밖에 없었다. 지금 새롭게 알게 된 것을 그때는 몰랐기에 그때는 자신이 알고 있는 최선의 방식으로 최선의 노력을 해 온 것임을 잊어서는 안 된다. 회복의 과정에서 자신에 대해 알아 가는 시간을 통해 자신이 왜 그렇게 살 수밖에 없었는지를 이해하게 되면 그때의 자신에 대해 비난하기보다는 그럴 수밖에 없었던, 그럼에도 포기하지 않고 최선을 다해 삶을 살아 낸 자신을 위로하고 안아 줄 수 있어야 한다. 그때는 할 수 있는 최선을 다했다. 지금 와서 잘못된 것이 보인다면, 그건 지금의 내가 그때의 나보다 성장했기 때문이기에 감사하면 된다.

가족과 함께 회복하기 위해 중독자가 기억해야 할 것

가족에게 보상하라

알코올중독자는 회복을 해 가며 가족에게 보상을 해야 한다는 것을 기억해야 한다. 가족은 중독이 진행되는 동안 가장 가까운 곳에서 견디기 힘든 고통을 인내하며 견뎌 왔다. 그리고 이러한 고통은 중독자가 단주를 시작한다고 해서 저절로 해결되거나 사라지지 않는다. 중독자는 기억하지 못하는 수많은 사건, 사고가 가족에게 트라우마로 남았고, 중독자의 입을 통해 가해진 폭력이 가족에게 손상된 자존감으로 남았다. 지나온 시간 동안의 자기 삶을 떠올리면 순간순간 북받치는 억울함으로 남았고, 피폐한 현실은 술이 사라지면서 더욱 적나라하게 눈앞에 드러났다.

중독자는 회복 과정에서 이러한 가족에게 보상해야 한다. 그리고 이 보상은 자신이 원하는 방식이나 시기에 이루어지는 자기중심적 보상이 아니라, 그동안 가족이 겪은 고통을 공감하고 위로하는 방식이어야 한다.

가족에게도 회복의 시간과 과정이 필요함을 기억하라

알코올중독자가 단주한다고 해서 가족의 기대처럼 모든 것이 한순간에 변화되는 것은 아님을 앞에서 이야기했다. 그리고 이렇게 모든 것이 한순간에 변할 것이라는 기대가 중독자에게 부담으로 작용할 수도 있음을 이야기했다. 이는 가족의 경우에도 마찬가지다. 중독자가 단주를 한다고 해서 한순간에 가족의 모습이 변하지 않는다. 술을 마시던 시간들은 가족에게 깊은 상처를 남겼고, 중독자와 살아가며 몸에 밴 습관들은 중독자의 단주 이후에도 여전히 생생하다. 중독자가 단주하더라도 가족의 상처는 쉽게 치유되지 않는다. 중독자에 대한 태도나 행동 역시 금방 바뀌지 않는다. 단주를 하고 있음에도 불쑥불쑥 튀어나오는 가족의 상처는 중독자를 당황하게 하며 갈등으로 이어지기도 한다.

가족의 회복을 위해서도 시간과 과정은 필요하다. 중독으로부터의 회복이 하나의 과정이듯, 가족의 변화 역시 과정이다. 가족이 자신을 기다려 주는 것처럼 중독자 역시 가족을 기다려 주어야 한다.

자신의 회복이 최우선임을 기억하라

가족의 변화를 기다리는 것은 생각보다 어려울 수 있다. 더구나 자신이 단주를 해 나가는 과정이라면 자신의 회복만으로도 버거울 것이다. 여기에 이전의 방식으로 자신을 대하고, 여전히 아물지 않은 상처를 자신에게 드러내며, 그간의 힘겨움에 대한 보상을 요구하는 가족은 하루하루를 겨우 버티고 있는 회복 중인 중독자에게 커다란 부담이 될 수 있다.

더구나 가족 스스로가 변화의 필요성을 전혀 느끼지 못하고 있다면, 가족의 변화된 모습을 기대하는 것은 요원할 뿐이다. 중독자는 변하지 않는 가정의 분위기 안에서 다시 재발의 위험에 처할 수도 있다.

가족의 변화에 대한 조급함이나 변하지 않는 가족을 바꾸고자 하는 집착은 좌절과 분노로 나타날 수 있고, 이는 중독자의 회복에 걸림돌이 될 수 있다. 최악의 경우, 가족 간의 관계 문제로 재발할 수 있는 위험 상황에 놓인다면 중독자의 우선순위는 가족이 아닌 자신의 회복이 되어야 할 것이다. 가족을 위해 자신의 단주가 깨진다면, 이는 자신을 위하는 것이 아닐 뿐 아니라 진정 가족을 위하는 것도 아니다. 단주가 유지되는 상황이어야만 가족과 함께 회복해 나갈 수 있는 여지가 생긴다. 다시 술을 마신다면 가족 또한 함께 나락으로 떨어질 뿐이다.

가족의 회복을 위해 전문가가 기억해야 할 것

가해자와 피해자라는 이분법적 사고를 피하라

중독자와 배우자가 함께 상담을 받으러 오면 각자의 입장은 다르지만 서로에 대해 하는 이야기는 비슷하다. 중독자는 배우자 때문에 힘들고 속상하고 화가 나서 술을 마신다고 한다. 배우자는 중독자 때문에 불행하고 우울하고 힘들다고 한다. 중독자는 배우자가 자신을 무시하지 않고 사람 취급을 해 주면 자신도 술 마실 이유가 없다고 한다. 배우자는 중독자가 술만 끊으면 잔소리도 안 하고 사람 대접을 해 줄 거라고 한다. 하지만 두 사람의 공통점은 문제는 저 사람이지 자신은 피해자이며, 저 사람이 먼저 변해야 자신도 변할 수 있다는 것이다. 결국 서로가 상대의 변화를 요구하며 자신은 변할 필요가 없다는 입장이다.

누구의 입장에서 이야기를 듣는가에 따라 가해자와 피해자가 모호해진다. 무엇보다 가해자와 피해자라는 이분법적인 구도를 갖고 시작하면 변화가 어렵다. 중독자와 가족을 일방적인 가해자와 피해자 관계가 아닌, 상호 영향을 주고받는 관계로 이해할 때 보다 적절한 개입이 가능해지는 경우가 많다. 가족의 모든 문제는 중독자가 그 원인이자 가해자라는 생각으로 개입하면 중독자에게 공감할 수 없다. 그리고 가족을 일방적인 피해자로 생각하면 가족 문제 개선에 있어 가족은 할 수 있는 것이 아무것도 없는 무력한 존재가 되어, 그저 가해자인 중독자가 바뀌는 것 외에는 마땅한 방법이 없어진다.

중독자와 가족 모두 상대가 자신한테 어떻게 대했는가에 대해 불평하는 대신, 자신이 상대에게 어떻게 대하는가를 진정으로 살피기 시작할 때, 그리고 자신으로부터 변화가 시작될 수 있음을 이해할 때, 가족 전체의 변화가 일어난다. 누가 가해자이고, 피해자인가를 따지기 전에, 바로 내가 변화를 시작할 수 있는 주체임을 이해하는 것이 보다 힘 나는 일이 아니겠는가?

자기 돌봄의 롤모델이 되어 주기

중독전문가로서 중독자와 가족을 돕고자 하는 전문가는 타인을 돌보는 것이 일이다. 타인을 돌보는 것을 중요하게 생각하고 그렇게 훈련받은 사람이다. 그러기에 전문가들은 자기 자신보다는 다른 사람들의 감정을 먼저 배려하고, 다른 사람들의 욕구를 먼저 생각하는 것이 익숙하다.

하지만 어쩌면 이들은 중독전문가가 되기 그 전인 어린 시절부터 원가족에서 다른 이들을 돕는 역할을 해 오던 사람일 수도 있다.

아니, 그럴 가능성이 크다. 자신이 왜 이런 직업을 선택해서 이 일을 하고자 하는지 탐색하다 보면 어린 시절부터의 경험에서 그 답을 찾을 수 있을지도 모른다. 극단적인 경우 이들은 자신의 욕구나 감정을 돌보는 것이 불편하고 죄책감으로 다가올 수도 있다. 그러기에 전문가로서 내담자에게 민감하고 배려하는 수준을 넘어, 자신을 희생하며 헌신할 때 오히려 편안함을 느낄 것이다. 스스로를 돌보는 것에 미숙한 모습인 것이다. 이는 다른 사람을 돌보는 건강한 전문가가 아닌, 중독문제를 가진 내담자와의 중독적 관계를 형성하는 또 다른 공동의존자가 될 수도 있는 '자신의' 문제다. 그리고 이는 중독자 가족의 모습과 다르지 않다.

중독자 가족이 중독자와의 중독적 관계를 벗어나 스스로를 잘 돌보며 자신의 삶을 책임감 있게 살아갈 수 있도록 돕고자 한다면, 전문가로서 자기가 먼저 자기 돌봄의 롤모델이 될 수 있어야 한다. 전문가로서의 역할에 충실하되, 그러한 역할 수행이 자신을 방치하거나 학대하는 것이어서는 안 된다. 먼저 자신에게 민감하고 배려해 줌으로써 충분히 돌봄 받은 전문가야말로 진정으로 내담자에게 민감하고 배려할 수 있다. 자신을 제대로 돌보지 못해 지쳐 버린 전문가가 내담자에게 줄 수 있는 긍정적 영향은 별로 없다. 그러기에 전문가는 먼저 자신을 잘 돌봄으로써 중독적 관계 속에서 지쳐 버린 중독자 가족들에게 자신을 아끼고 배려하는 것이 무엇인지 알려줄 수 있어야 한다. 먼저 자기를 제대로 돌보는 전문가의 모습을 보며 가족 역시 그동안 해 본 적 없는 자기 돌봄을 실천할 수 있게 될 것이다.

전문가 역시 자기 돌봄의 시작은 먼저 자기 몸부터 잘 살피고 관리하는 것이다. 수시로 자기 건강 상태를 알아차리고 이상이 있을 경우 빨리 조치를 취해야 한다. 또한 자신의 마음도 돌보아야 한다. 함께 협력하기에 쉽지 않은 중독자의 태도나 잦은 재발은 전문가의 소진으로 이어지기 쉽다. 이때 전문가는 중독자의 문제와 자기 문제를 구분하면서 중독자의 변화에 따라 흔들리지 않도록 자기의 감정을 분명히 알아차리고 조절할 수 있어야 한다. 무엇보다 중독의 문제에 보다 잘 마주하기 위해서는 전문가의 영적 성장이 바탕이 되어야 한다.

이를 위해 전문가는 명상, 운동, 여행 등으로 자기를 즐겁고 기쁘게 할 수 있는 일을 적극적으로 실천해야 한다. 그리고 일할 때는 물론 일상에서의 마음챙김을 지켜 나갈 수 있어야 한다.

참고문헌

강향숙(2015). 알코올 중독으로부터의 회복에 대한 회복개념구성 연구: Q 방법론 적용. 사회과학연구, 41(2), 57-78.

김동한(2013). 행복한 직장생활을 위한 마음챙김명상. 월드인재교육원.

김선민, 오기철, 강향숙(2013). 노숙을 경험한 알코올 의존자의 치료공동체를 통한 회복체험 연구. 사회복지연구, 44(1), 5-31.

김용호, 서병배, 이정녀, 김영훈(1996). 알코올중독자의 백혈구탐식능, 림프구아형 및 증식능. 대한의생명과학회지, 2(2), 167-174.

김완석, 신강현, 김경일(2014). 자비명상과 마음챙김명상의 효과비교: 공통점과 차이점. 한국심리학회지: 건강, 19(2), 509-531.

김정근(2017). 자비명상이 대학생들의 마음챙김, 회복탄력성 및 스트레스에 미치는 영향. 한국산학기술학회논문지, 18(4), 75-84.

김정호(2016). 마음챙김 명상 매뉴얼. 솔고학.

김정희(2010). 스트레스 다스리기. 학지사.

마가스님, 이주영(2007). 고마워요 자비명상. 불광출판사.

미산, 김재성, 차상엽, 이정기, 박성현(2015). 자비, 깨달음의 씨앗인가 열매인가. 운주사.

박도현, 김완석(2017). 수치심이 자비명상에 대한 저항감에 미치는 영향: 자비 대상(자기 vs 타인)의 조절효과. 한국심리학회지: 문화 및 사회문제, 23(2), 131-157.

박상규(2014). 정신건강론. 학지사.

박상규(2016a). 중독과 마음챙김. 학지사.

박상규(2016b). 대학생의 스마트폰 중독과 불안과의 관계에서 마음챙김의 매개효과. 재활심리연구, 23(3), 503-511.

박상규(2019). 중독전문가 박상규교수가 전하는 스마트폰에 빠진 우리아이 구출하기. 학지사.

박상규, 조혜선(2018). 행복 및 우울과 스마트폰 중독 간의 관계. 한국심리학회지: 건강, 23(4), 1095-1102.

박성현, 성승연, 미산(2016). 자애명상의 심리적 과정 및 효과에 관한 혼합연구: 자애미소명상수행집단을 대상으로. 한국심리학회지: 상담 및 심리치료, 28(20), 395-424.

이봉재, 오윤진(2008). 알코올중독자의 신체적 건강과 삶의 만족도: 종교적 대처의 완충효과. 대한가정학회지, 46(1), 15-24.

정은실, 손정락(2011). 마음챙김 기반 인지치료(MBCT)프로그램이 대학생의 인터넷 중독 수준, 불안 및 스트레스에 미치는 효과. 한국심리학회지: 임상, 30(4), 825-843.

조근호, 권도훈, 김대진, 김선민, 김한오, 노성원, 박애란, 서정석, 신성만, 신재정, 유채영, 윤명숙, 이계성, 이해국, 전영민, 전용준, 차진경, 채숙희, 최삼욱, 한우상(2011). 중독재활총론. 학지사.

조순영(2014). 노자 도덕경을 통한 생태유아교육 교육관의 해석. 생태유아교육연구, 13(2), 1-19.

조중현, 손정락(2013). 마음챙김 기반 인지치료(MBCT) 프로그램이 마약류 중독자의 우울, 충동성 및 단약 자기효능감에 미치는 효과. 한국심리학회지: 임상, 32(1), 13-31.

Brown, K. W., & Ryan, R. M. (2003). The benefits of being present: Mindfulness and its role in psychological well-being. *Journal of Personality and Social Psychology, 84*(4), 822-848.

Hüsheger, U. R., Alberts, H. J. E. M., Feinholdt, A., & Lang, J. W. B. (2012). Benefits of mindfulness at work: The role of mindfulness in emotion regulation, emotional exhaustion, and job satisfaction. *Journal of applied Psychology, 98*(2), 310-325.

Stahi, B., & Goldstein, E. (2014). MBSR 워크북. 안희영, 이재석 역. 학지사. (원전은 2010년에 출판).

Williams, M., & Penman, D. (2016). 8주 나를 비우는 시간. 안희영, 이재석 역. 불광출판사. (원전은 2011년에 출판).

저자 소개

문봉규(Moon Bongkyu)

문경회복센터의 고문이며, 중독전문가 1급, 중독심리전문가, 중독수련감독급 전문상담사로 중독자와 가족에 대한 임상실천과 함께 중독전문가 양성을 위한 다양한 교육훈련을 수행하고 있다. 회정알코올클리닉 상담실장, 회정치료공동체 대표, 평택대학교 상담대학원 대우교수, 한국중독전문가협회 자격관리위원장, 한국중독심리학회 이사 등을 역임하였다. 저서로 『알코올 중독자의 회복과 성장』(공저, 학지사, 2023), 『마약류 치료의 이해와 치료』(공저, 학지사, 2021) 등이 있다.

강향숙(Kang Hyangsook)

남서울대학교 아동복지학과와 국제대학원 글로벌중독재활상담학과 교수로 재직 중이며, 회정알코올클리닉, 회정치료공동체, 서울까리따스알코올상담센터 등에서 중독자와 가족들을 오랫동안 만나 왔다. 현재 한국중독전문가협회 부회장을 맡고 있다. 저·역서로 『알코올 중독자의 회복과 성장』(공저, 학지사, 2023), 『마약류 치료의 이해와 치료』(공저, 학지사, 2021), 『가족복지론』(2판, 공저, 학지사, 2020), 『중독가정을 위한 긍정훈육』(공역, 학지사, 2018), 『아동상담』(공저, 파워북, 2017), 『중독영역에서의 슈퍼비전』(공역, 학지사, 2009) 등이 있다.

박상규(Park Sanggyu)

박상규심리상담연구소 소장으로 재직 중이며, 가톨릭꽃동네대학교 명예교수이다. 충북소방서 심리지원단장을 맡고 있다. 보건복지부 국립부곡병원, 꽃동네치료공동체, 교도소, 보호관찰소 등에서 중독자의 상담에 종사해 왔다. 한국중독심리학회 회장, 한국중독상담학회 회장, 세종충북도박문제예방치유센터 운영위원장 등을 역임하였다. 저·역서로 『중독상담학 개론』(2판, 공저, 학지사, 2025), 『청소년 마약류 중독의 이해와 상담』(공저, 학지사, 2024), 『알코올 중독자의 회복과 성장』(공저, 학지사, 2023), 『마음챙김과 행복』(학지사, 2022), 『임상심리학』(공저, 학지사, 2022), 『행복수업』(학지사, 2020), 『숲치료 이야기』(공저, 학지사, 2020), 『중독의 이해와 상담실제』(2판, 공저, 학지사, 2017), 『중독과 마음챙김』(2016, 학지사) 등이 있다.

알코올중독자,
내 안의 또 다른 나(2판)

Finding Yourself-Facing Alcoholism (2nd ed.)

2019년 10월 20일 1판 1쇄 발행
2022년 9월 20일 1판 4쇄 발행
2025년 3월 20일 2판 1쇄 발행

지은이 • 문봉규 · 강향숙 · 박상규
펴낸이 • 김진환
펴낸곳 • (주)**학지사**

04031 서울특별시 마포구 양화로 15길 20 마인드월드빌딩
대표전화 • 02)330-5114 팩스 • 02)324-2345
등록번호 • 제313-2006-000265호

홈페이지 • https://www.hakjisa.co.kr
인스타그램 • https://www.instagram.com/hakjisa

ISBN 978-89-997-3379-6 03180

정가 16,000원

저자와의 협약으로 인지는 생략합니다.
파본은 구입처에서 교환해 드립니다.

이 책을 무단으로 전재하거나 복제할 경우 저작권법에 따라 처벌을 받게 됩니다.

출판미디어기업 **학지사**

간호보건의학출판 **학지사메디컬** www.hakjisamd.co.kr
심리검사연구소 **인싸이트** www.inpsyt.co.kr
학술논문서비스 **뉴논문** www.newnonmun.com
교육연수원 **카운피아** www.counpia.com
대학교재전자책플랫폼 **캠퍼스북** www.campusbook.co.kr